Hallwag
Taschenbuch

10
Botanik

Unsere Pilze

147 Arten in Farbe

Hans Mauch und Konrad Lauber

Hallwag Verlag
Bern und Stuttgart

Umschlagbild:
Blaugestiefelter Schleimkopf
oder Schleiereule

2. Auflage, 1975
© 1974 Hallwag AG Bern
Satz: Burkhardt, Bern
ISBN 3444501161

Inhalt

Pilzjagd und Pilzhege

Unsere Vorfahren in grauer Urzeit waren Jäger und Sammler, heißt es im Geschichtsbuch. Wir Menschen von heute hingegen sind kultiviert und zivilisiert, spalten Atome, sehen fern, spazieren durchs Weltall und drücken aufs Gaspedal. Die Segnungen der Technik haben uns Wohlstandsritter der Mühsal des Jagens und Sammelns glücklich enthoben. – Ganz unvermittelt aber, an einem strahlenden Sonntagmorgen, durchbricht der uralte, verschüttete Trieb jede noch so dicke Kruste von Zivilisationsfirnis und drängt mit Macht an die Oberfläche. Der Homo sapiens technicus bewaffnet sich mit dem Pilzkorb und ist wieder ganz Jäger und Sammler. Wer beschreibt das Hochgefühl, das den ‹Jäger› durchrieselt, wenn er einen halbpfündigen Steinpilz im taufrischen Berggras entdeckt oder im Auwald zwischen Buschwindröschen das erste ‹Morchelnest› des Jahres aufstöbert? Es ist mehr als nur die Vorfreude auf ein leckeres Mahl, es ist die Lust des Beutemachens.

Seit den Tagen des Höhlenbären hat sich einiges geändert. Die Weisung ‹Gehet hin und machet euch die Erde untertan› ist gründlich – viel zu gründlich – befolgt worden. Im Beherrschen und Ausbeuten seiner Mitnatur hat es der Mensch weit gebracht. Schon unser Wortschatz spiegelt das Herr/Sklave-Verhältnis zwischen Mensch und Natur deutlich wieder. Wir sprechen von Jagdwild (eßbar für uns), von Raubzeug (unsere Konkurrenz), von Ungeziefer (lästig für uns), von Nutzpflanzen und Unkraut. Selbst in modernen Pilzbüchern werden die Waldbewohner in ‹eßbar›, ‹giftig› und ‹wertlos› eingeteilt.

Nicht nur schrankenlose Ausbeutung muß die Natur erdulden, sondern auch mutwillige, vermeidbare Zerstörung. Unsere Wälder werden von Autobahnen zersägt und ausbetoniert, von Seilbahnen und Skipisten zerschnitten, mit ‹Unkraut›- und ‹Ungeziefer›-Vertilgern besprüht und mit schweren Holztransportmaschinen festgewalzt. Ganze Heerscharen von ‹Naturfreunden› durchstreifen die stadtnahen Forste, alles zertretend, was für den Magen unbrauchbar erscheint.

Der Lebensraum der ursprünglichen Natur ist bedrückend eng geworden. Es ist hohe Zeit, daß der Jäger in den Hintergrund tritt und der Heger die Regie übernimmt – auch im Bereich der Pilze. Nichts gegen ein schmackhaftes Gericht aus selbstgepflückten Wildpilzen! Auch der Schreiber dieser Zeilen möchte nicht gänzlich darauf verzichten; er würde sich aber glücklich schätzen, wenn die Sammler ihren Urtrieb zügeln und die folgenden einfachen Regeln beherzigen wollten:

1. Wir sammeln nur so viel Pilze, wie wir am gleichen und folgenden Tag verzehren können. Das Anlegen von Hamstervorräten ist heute nicht mehr statthaft. Auf den Handel mit Wildpilzen sollte verzichtet werden.

2. Ganz junge, eben aus dem Boden guckende Exemplare werden stehengelassen. Dies gilt ganz besonders für die begehrten Morcheln und auch den Steinpilz. Das Sammeln winziger Jungpilze ist nicht nur unergiebig, es zeugt auch von Raffgier und Egoismus (‹Der nächste soll in meinem Revier nichts Eßbares mehr finden!›). Überalterte Stücke bleiben ebenfalls stehen. Stellt man beim Abschneiden eines Pilzes Madenbefall fest, so wird der ‹Patient› wieder ausgesetzt – Fruchtschicht nach unten. Er wirft auch so noch seine Sporen ab und sorgt für gesunde Nachkommen.

3. Seltene Pilzarten sind unbedingt zu schonen, auch wenn sie eßbar sind. Auf besonders gefährdete und schutzbedürftige Arten wird im Text zu den Farbtafeln jeweils hingewiesen.

4. Die gepflückten Pilze (ob abgeschnitten oder ausgedreht, ist für den Weiterbestand des unterirdischen Pilzmycels belanglos) werden an Ort und Stelle von Erde befreit. Man verhindert so die gegenseitige Beschmutzung der einzelnen Stücke. Auch von Maden befallene Partien und Schneckenfraßstellen werden herausgeschnitten. Der Abfall beim Zubereiten in der Küche wird dadurch kleiner.

5. Pilzsammeln mit Plastiksäcken ist unsachgemäß. Die Ernte wird dabei zerdrückt und zerkrümelt; der Abfall wird unnötig vergrößert. Das beste Sammelgefäß ist der Korb.

6. Wir sammeln nur Pilze, die wir schon im Wald mit Sicherheit identifiziert haben. Von solchen, die wir noch nicht kennen, nehmen wir höchstens einzelne Exemplare zum Bestimmen nach Hause. Der zünftige Sammler macht sich einen Sport daraus, den Pilzkontrolleur nur zur Bestätigung seiner eigenen Diagnose zu beanspruchen. Es ist höchst beschämend, wenn die Amtsperson die Hälfte oder mehr unserer Beute als ungenießbar verwerfen muß.

7. Pilze, die wir als giftig oder doch für die Küche uninteressant erkannt haben, bleiben unangetastet. Sie gehören mit zum Schmuck unserer strapazierten Umwelt und erfüllen wichtige Aufgaben im Haushalt der Natur. Für den Freund und Heger des Waldes gibt es kaum einen beklemmenderen Anblick als haufenweise zertretene, umgeworfene und zersplitterte Pilze im grünen Moosteppich.

Eine Bitte an die Adresse der Pilzvereine: Räumen Sie dem Pilz als schützenswertem Mitgeschöpf den Platz ein, der ihm gebührt. Verwenden Sie Ihre Zusammenkünfte, um die unerschöpflichen Reize der Pilzwelt aufzuzeigen und ihre Lebensgeheimnisse zu ergründen, und lassen Sie den Kochtopf etwas mehr in den Hintergrund treten. Verzichten Sie auf Pilzausstellungen zum Auffüllen der Vereinskasse und ebenso auf organisierte Massen-Sammelexkursionen. Fördern Sie die ‹Mycophilen›, und bremsen Sie die ‹Mycophagen›.

Naturschutz ist nicht mehr das ‹Hirngespinst von ein paar weltfremden Idealisten›. Wir leben in einer Zeit, da Naturschutz für uns zum lebensnotwendigen Selbstschutz wird. Auf unserer Generation liegt die Verantwortung, die Weichen richtig zu stellen.

Die Psychologen sagen, man könne einen Trieb sublimieren. Hier kommt uns die vielgepriesene, vielgeschmähte Technik in idealer Weise zu Hilfe. Noch eben rechtzeitig hat sie uns die Farbphotographie beschert, die es dem Anbeter Floras ermöglicht, seinem Sammeltrieb zu frönen, ohne mit roher Hand Leben zerstören zu müssen. Mit dem Farbbild nehmen wir nicht nur das Konterfei unserer Schützlinge selbst mit nach Hause – auch ihre natürliche Umgebung mit Sauerklee und Tannzapfen, mit Heidelbeere und Waldschnecke können wir in verdunkelter Stube jederzeit zu neuem Leben erwecken. Die Farbphotographie ist längst nicht mehr das extravagante Steckenpferd der Begüterten. Eine Kamera für Nahaufnahmen ist für jedermann erschwinglich geworden. Mit den folgenden Ratschlägen soll versucht werden, dem ‹Möchte gern, aber weiß nicht wie›-Pilzphotographen die Startschwierigkeiten in seinem neuen Hobby aus dem Weg zu räumen.

Wenn wir eine gute Wirkung erzielen wollen, muß der abgebildete Pilz – sei es ein Einzelexemplar oder eine Gruppe – den größeren Teil des Bildes ausfüllen, sonst wird es der Beschauer abschätzig als ‹Landschaft mit Pilz› klassieren. Dies bedingt, daß aus Abständen von weniger als einem Meter ‹geschossen› werden muß. Befriedigende Nahaufnahmen bringt aber nur die Spiegelreflexkamera. Nur mit dem Mattscheibensucher haben wir die Schärfe des Objektes, d. h. den richtigen Objektivauszug, restlos unter Kontrolle. Kurze Aufnahmedistanzen fordern einen großen Auszug, eventuell durch Zwischenringe oder Balgen verlängert. Irrig ist der Glaube, für Großaufnahmen sei ein teures, langbrennweitiges Teleobjektiv notwendig. Im Gegenteil, je kleiner die Brennweite, desto mehr können wir mit gleichem Auszug vergrößern. Gute Nahaufnahmen aus freier Hand sind Glückstreffer. Ein Stativ mit bis in die Horizontale spreizbaren Beinen leistet für Pilzaufnahmen vortreffliche Dienste. Nur mit dem Stativ läßt sich der günstigste Blickwinkel ‹ergucken› und der optimale Schärfenbereich genau einstellen. Selten oder nie liegen alle Teile eines Pilzes im gleichen Abstand vor der Linse. Soll trotzdem alles scharf herauskommen, muß die Blende möglichst geschlossen werden. Am besten stellt man bei offener Blende auf die fast nächstliegenden Partien scharf ein und macht erst dann zu.

Im Waldesinnern ist das Tageslicht meist kaum ausreichend. Selbst wenn es hell genug ist, führt das durchs Laub- und Nadeldach gefilterte Licht leicht zu grünstichigen Bildern. Ein ‹Vademecum› für den Pilzphotographen ist deshalb ein gutes Elektronenblitzgerät. Die richtigen Blitzdistanzen bei verschiedenen Objektabständen ermittelt man am besten anhand eines Probefilms. Bei jeder Aufnahme werden alle Daten notiert. Will man vermeiden, daß das Blitzbild wie eine Nachtaufnahme wirkt, läßt man

das Tageslicht mitarbeiten, d. h., man bestimmt mit dem Belichtungs-
messer die Zeit, die bei der eingestellten Blende eine normale Aufnahme
gäbe. Dann stellt man den Verschluß auf ¼ bis ½ der gemessenen Zeit
und macht die Aufnahme mit Blitz. Man erhält so einen halbdunklen
(nicht nachtsschwarzen) Hintergrund und vermeidet allzu harte Schatten
im Nahbereich. Auch durch Aufstellen von weißen Reflexkartons lassen
sich extreme Helldunkelkontraste ‹aufweichen›. Regennasse Objekte
schlucken fast doppelt soviel Blitzlicht wie trockene.
Welche Minimalausrüstung braucht also der Pilzporträtist? – Irgendeine
Schlitzverschluß-Kleinbildkamera (es braucht keineswegs die teuerste zu
sein) mit Spiegelreflexsucher und Normalobjektiv (eine große Öffnung
ist nicht nötig), Stativ und Blitzgerät. Empfehlenswert sind ein Belichtungs-
messer für Tages- und ‹Mischlicht›-Aufnahmen und ein Satz Zwischenringe oder ein Balgengerät für Kleinpilze oder Einzelheiten von größeren.
Was für eine erfolgreiche Pirsch mindestens so wichtig ist wie die
technische Ausstaffierung – sind Zeit, Geduld und vor allem Liebe und
Begeisterung für unsere bedrängten Mitgeschöpfe.

Die Stellung der Pilze im Pflanzenreich

Wenn von Pilzen die Rede ist, denkt der ‹gewöhnliche Sterbliche› an
regenschirmähnliche Waldbewohner, nach deren Genuß sein Wohlbe-
finden sehr unterschiedlich ausfallen kann. – Was aber sieht der ‹Auf-
geklärte› beim Stichwort ‹Pilz› vor seinem geistigen Auge?
Das Pflanzenreich wird nach den beiden grundsätzlich verschiedenen
Fortpflanzungsarten eingeteilt in **Samen- oder Blütenpflanzen** (Phane-
rogamen) und **Sporenpflanzen** oder blütenlose Pflanzen (Kryptogamen).
Samen wie Sporen sind ‹Konserven›-Stadien der Pflanzen, die einerseits
das Überdauern ungünstiger Klimaperioden (Kälte, Trockenheit) ermög-
lichen und andererseits für die Verbreitung der Art sorgen. Die vielzelligen
Samen und die einzelligen Sporen stehen aber an ganz verschiedenen
Orten im Entwicklungskreislauf der zugehörigen Pflanzen; Sporen sind
nicht einfach kleine Samen!

Samen- pflanze	→	Geschlechtszellen verschmelzen, wachsen	→	Samen keimen, wachsen	→	Samen- pflanze

Sporen- pflanze	→	Sporen	→	‹Vorkeim›	→	Geschlechtszellen verschmelzen, wachsen	→	Sporen- pflanze

Alle **Sporenpflanzen mit kernhaltigen Zellen ohne Blattgrün** (oder verwandte Farbstoffe) zählen wir zu den **Pilzen im weiteren Sinn.** Also nicht nur die farbenfrohen Kobolde des Waldbodens, auch der Schimmel auf der Konfitüre, der Schorf am Apfel und die einzellige Bierhefe gehören zur botanischen Abteilung der Pilze. Die Zahl der Pilzarten hat man auf ungefähr 100 000 geschätzt. In Mitteleuropa gibt es gut doppelt so viele Pilzarten wie Blütenpflanzen. In diese gewaltige Fülle haben die Systematiker Ordnung gebracht. Ihre Arbeit ist indes noch längst nicht abgeschlossen. Die gesamte Lebewelt wird nach einem fast militärisch anmutenden Grundschema geordnet. Die verschiedenen Stufen dieser international gehandhabten Ordnungspyramide sollen hier am Beispiel des Fliegenpilzes veranschaulicht werden:

Reich (Pflanzen = Plantae) → **Abteilung** (Pilze = Mycophyta) → **Klasse** (Ständerpilze = Basidiomycetes) → **Reihe** (Hautpilze = Hymenomycetidae) → **Ordnung** (Hutpilze = Agaricales) → **Familie** (Freiblättler = Amanitaceae) → **Gattung** (Wulstlinge = Amanita) → **Art** (Fliegenpilz = Amanita muscaria).

Diese Hauptordnungseinheiten sind oft noch in Untereinheiten aufgeteilt (Unterabteilung, Unterklasse usw.). Auf gleichem Pyramidenniveau mit der Pilzabteilung stehen z. B. die Bakterien, die Grünalgen, die Moose, die Farnpflanzen, aber auch die beiden Abteilungen der Samenpflanzen, die Nacktsamer und die Bedecktsamer.

Die ganze Abteilung ‹Pilze› ist in zehn Klassen unterteilt. Acht davon haben nur wissenschaftliche Namen. Der größte Teil ihrer Arten bildet lediglich mikroskopische Organismen aus. Mit unbewaffnetem Auge sind sie höchstens als Schimmelrasen zu erkennen. Sie können sich aber auf mannigfache Art als Krankheiten von Pflanzen und auch Tieren manifestieren (Beispiele: Krautfäule der Kartoffeln, Falscher Mehltau der Reben, Fliegenschimmel). Alle in diesem Band abgebildeten Arten gehören den Klassen der Basidiomycetes (Ständerpilze) und der Ascomycetes (Schlauchpilze) an. Auch diese beiden Klassen, vor allem die letztgenannte, umfassen eine große Zahl von mikroskopischen Arten. Der vom Menschen seit alten Zeiten gezüchtete Hefepilz (ein Ascomycet) und der gefürchtete Getreiderost (ein Basidiomycet) sind nur zwei Beispiele aus der gewaltigen Fülle. Die Zusammenstellung am Schluß dieses Kapitels ist unvollständig. Sie umfaßt nur Ordnungen und Familien der Schlauch- und Ständerpilze, die sich durch größere Fruchtkörper auszeichnen. Für eine vollständige Pilzsystematik müssen wir auf die botanische Fachliteratur verweisen (s. S. 180).

Der botanische Laie hat meist wenig Beziehung zu den wissenschaftlichen (lateinisch-griechischen) Namen. Jedem von uns ist aber bekannt, wie viele Namen gewisse populäre Blumen und auch Pilze allein schon im deutschen Sprachraum haben. Für den Frauenschuh hat Paula Kohlhaupt

(«Alpenblumen») deren 24 gesammelt, und in Knaurs Pilzbuch stehen allein für die Goldgelbe Koralle 26 verschiedene Namen. Will man über Sprachgrenzen hinweg über Pflanzen und Tiere diskutieren, muß man eine gemeinsame Sprache sprechen. Das Latein und Griechisch der Gelehrten von ehedem leistet uns hier auch heute noch gute Dienste. Wir haben in diesem Buch die Pilze auch mit ihren wissenschaftlichen Namen bedacht. Jedes Lebewesen hat zwei ‹lateinische› Namen. Der erste ist gemeinsam für die ganze Gattung, der die betreffende Art angehört, der zweite bezeichnet die Art selbst. Der Perlpilz, Amanita rubescens (übersetzt: Rötende Amanita), gehört zur gleichen Gattung wie der Fliegenpilz, Amanita muscaria, und der Grüne Knollenblätterpilz, Amanita phalloides. Nach den Pilznamen sind jeweils noch die Autoren angegeben, die den Pilz erstmals beschrieben oder sich mit dessen systematischer Einordnung befaßt haben.

Klasse: Ascomycetes, Schlauchpilze

Ordnung: Sphaeriales, Kernpilze
Familien: Xylariaceae, Holzkeulen
Clavicipitaceae, Kernkeulen (Nr. 147)
Ordnung: Helotiales, Scheibenbecherlinge
Familien: Hyaloscyphaceae, Wollbecherlinge
Geoglossaceae, Erdzungen
Ordnung: Pezizales, Echte Becherlinge
Familien: Morchellaceae, Morcheln (Nrn. 135–140)
Helvellaceae, Lorcheln (Nrn. 141, 142)
Pezizaceae, Fleischbecherlinge (Nrn. 143, 144, 146)
Humariaceae, Borstlinge (Nr. 145)
Sarcoscyphaceae, Prachtbecherlinge
Ordnung: Tuberales, Trüffeln

Klasse: Basidiomycetes, Ständerpilze

Reihe: Phragmobasidiomycetidae
Ordnung: Tremellales, Zitterpilze (Nrn. 125, 126)
Ordnung: Dacrymycetales, Tränenpilze (Nr. 128)
Ordnung: Auriculariales, Ohrlappenpilze (Nr. 127)

Reihe: Hymenomycetidae, Hautpilze
Ordnung: Poriales, Nichtlamellenpilze
Familien: Corticiaceae, Rindenpilze

Bau und Lebensweise der Pilze

Das Pilzgeflecht oder Mycelium

Was der Laie als Pilz bezeichnet, all die mannigfaltigen Hüte, Bärte, Becher, Knollen, Keulen und Konsolen, die uns mit ihrer unendlichen Vielgestalt und Farbenpracht erfreuen, sind nur die aus dem Nährboden ragenden Fruchtkörper der eigentlichen Pilzpflanze, die im Verborgenen lebt. Alle höheren und die meisten niederen Pilze bilden ein ungemein reich verästeltes Geflecht von feinen Fäden, **Hyphen,** das die Nährsubstanz in allen Richtungen dicht durchwebt. Die einzelnen Hyphen sind unter sich weitgehend frei und nur lose verfilzt. Dieses Fadengespinst bezeichnet man als Mycelium oder **Mycel** (auf dem e betont).

Wegen der oberflächlichen Ähnlichkeit des Pilzgeflechts mit den Haarwurzeln grüner Pflanzen ist man versucht zu sagen, die Pilzpflanze bestehe nur aus Wurzeln (und Früchten). Alle Pilze sind − wie Tier und Mensch − auf ‹vorfabrizierte› Nahrung angewiesen. Wir finden die Mycelien deshalb nur in Medien mit organischem Material wie Humus, Torf, moderndem Laub und Holz, Nadelstreu und tierischen Exkrementen, aber auch in lebenden Organismen, selbst in anderen Pilzen. Beim Zerbröckeln von faulendem Holz, beim Abheben einer verrotteten Blätterschicht oder beim Umsetzen von Mist lassen sich die zarten Gespinste leicht entdecken. Eine einzige bodenbewohnende Pilzpflanze kann mehrere Quadratmeter durchweben.

Oft bündeln sich viele Pilzfäden zu schnurdicken, von einer Rinde geschützten Strängen, sog. **Leitungshyphen,** zusammen. Dies geschieht vor allem dann, wenn sich das Mycel stark ausbreitet oder sich anschickt, Fruchtkörper zu bilden. Kräftige Mycelstränge findet man z. B. unter den Fruchtkörpern des Kartoffelbovists. Eine besondere Mycelform sind die **Sklerotien** (von griechisch skleros = hart), harte Klümpchen aus dichtgepackten, eng verflochtenen Hyphen. Sie stellen eine Dauer- oder Ruheform des Pilzes dar. Er kann damit ungünstige Klimaperioden überleben. Im Gegensatz zur grünen Pflanze braucht der Pilz kein Sonnenlicht. Das Wachstum des Mycels vor allem aber die Ausbildung von Fruchtkörpern ist aber bei den Bodenbewohnern stark witterungsabhängig. Jeder Pilzliebhaber weiß, daß es fette und magere Pilzjahre gibt. Viel Niederschlag allein genügt nicht für ein gutes Pilzwachstum. Die Feuchtigkeit muß ausgewogen mit Wärme kombiniert sein, und zwar nicht erst zur ‹Erntezeit›, sondern unter Umständen schon Monate zuvor.

Saprophyten, Parasiten und Symbionten

Nur die grüne Pflanze ist imstande in ihren Blattlaboratorien aus Kohlensäure, Wasser und Mineralien selbständig Nähr- und Baustoffe zu synthetisieren; sie ist **autotroph.** Die Pilze hingegen beziehen ihr Baumaterial aus ihrem ‹Nährboden›, dem **Substrat,** gewissermaßen aus zweiter Hand; sie sind **heterotroph.** Je nachdem, ob sich eine heterotrophe Pflanze in diebischer Weise aus dem Haushalt anderer Lebewesen verköstigt oder sich mit deren toten Überbleibseln begnügt, sprechen wir von **Parasiten** (Schmarotzern) oder **Saprophyten** (Faulpflanzen). Die meisten höheren Pilze gehören zur zweiten Gruppe. Das Verfaulen abgestorbener Pflanzen und das Verwesen von Leichen ist ja nichts anderes als das verborgene Wirken von Bakterien und Pilzen. Im Dunkeln bauen sie wieder ab, was die grüne Pflanze im Sonnenlicht geschaffen hat. Die Pilze gewinnen dabei außer Baustoffen auch die für ihre Lebensvorgänge nötige Energie und produzieren eine Menge Kohlensäure. Wenn der Pilz seinerseits abstirbt und unter dem Einfluß von Bakterien und Bodenchemikalien zerfällt, bleiben praktisch nur noch Mineralien übrig. Diese, zusammen mit der an die Luft abgegebenen Kohlensäure, sind wiederum die Lebensgrundlage der höheren Pflanzen und – mittelbar – der ganzen Tierwelt (inklusive Homo sapiens!). Ohne das Wirken der saprophytischen Pilze wäre der Kreislauf der belebten Natur unterbrochen. Die Bedeutung der Pilze im Biokosmos braucht deshalb kaum weiter unterstrichen zu werden.

Wer ist nicht schon im lichten Wald, in Park oder Hofstatt einem **Hexenring** begegnet! Wie von Geisterhand gesät, reiht sich oft lückenlos Hut an Hut in magischem Kreis. Im Mittelpunkt des Ringes ist aus Sporen einmal die Pilzpflanze geboren worden. Das unterirdische Fadengeflecht hat sich dann von dort radial ausgebreitet, alle verwendbaren Moderstoffe aufzehrend. Da, wo der Humus ‹leergefressen› ist, stirbt das Mycel ab. So entsteht der stetig wachsende Ring, der jedes Jahr eine größere Zahl Fruchtkörper hervorbringt – falls er nicht anderen Pilzen ins Gehege kommt. Aus der jährlichen Zuwachsrate und dem Durchmesser eines Hexenrings läßt sich dessen Alter annähernd berechnen. Man hat schon Ringe mit über 50 Meter Durchmesser und einem errechneten Alter von rund 600 Jahren gefunden! Alle sog. **Humuszehrer** können Hexenringe bilden, so z. B. verschiedene Ritterlings- und Rüblingsarten, aber auch der Flaschenstäubling.

Nicht jeder Mist oder Moder sagt jedem Saprophyten zu. Der eine bevorzugt alte Pferdeäpfel, der andere ist auf Kuhfladen spezialisiert. In der Nadelstreu finden wir eine andere Pilzflora als im Laubwald, auf Eichenstümpfen andere Hüte als auf Pappeln. Auch der **mineralische Untergrund** (Kalk, Mergel, Urgestein, Sand) entscheidet bei vielen Arten über Gedeih oder Verderb.

Die meisten **parasitischen Pilze** bilden nur unscheinbare Fruchtkörper aus (Pflanzenrost, Schorf, Brand, Krautfäule, Mehltau usw.). Aber auch unter den Großpilzen findet man virulente Schmarotzer.

In Försterkreisen übel beleumdet ist der Hallimasch. Er gedeiht ausschließlich auf Holz, kann aber zwischen parasitischer und saprophytischer Lebensweise wechseln. Sein Mycel befällt die Stammbasis lebender Fichten. Wenn der morsch gewordene·Stamm dem Sturm zum Opfer gefallen ist, lebt der Pilz noch über Jahre im toten Stumpf weiter. Einige ganz gefräßige Schmarotzer finden wir unter den Porlingen. Der goldgelbe Schwefelporling z. B. kann durch seine üppigen Wucherungen die größten Bäume in wenigen Jahren vernichten, sich selber dabei ‹das Grab schaufelnd›. Daß es auch Pilze gibt, die ‹kannibalisch› auf anderen Pilzen wachsen, ist wohl nicht jedermann bekannt. Der Schmarotzer-Röhrling gedeiht nur auf Kartoffelbovisten. Wirt und ‹Gast› bilden ihre Fruchtkörper gleichzeitig aus. Rund um die gefelderte Knolle des Bauchpilzes sprießen die Schirme des Röhrlings, jenen oft weit überragend. Der Bovist ist giftig, sein Parasit eßbar, aber seiner Seltenheit wegen unbedingt zu schonen.

Zwischen Moderbewohnern und Schmarotzern stehen die sog. **Mycorrhizapilze.** Ihr Mycel ist eng versponnen mit den Wurzelenden von Bäumen und anderen grünen Pflanzen. Die Pilzhyphen dringen in die Wurzelzellen ein. Beide Partner ziehen aber Nutzen aus der Vereinigung. Der Pilz bezieht von der grünen Pflanze Zucker und andere organische Nährstoffe, während er dieser sein dichtes Fadensystem als ‹Wurzel mit vergrößerter Oberfläche› zur Verfügung stellt. Wir sprechen von einer echten **Symbiose** (Lebensgemeinschaft). Das eigene Wurzelsystem der Pflanzen, die mit Pilzen in Symbiose leben, ist oft mangelhaft ausgebildet. Vor allem Jungpflanzen gedeihen schlecht oder gar nicht in einem pilzfreien Boden. Die meisten Orchideensamen sind in ihrer Keimung auf die Mithilfe eines Pilzes angewiesen. Zu den Wurzelsymbionten gehören unsere bekanntesten Röhrlinge wie Steinpilz, Birkenpilz, Rotkappe und Marone. Einzelne Arten können nur mit ganz bestimmten Bäumen zusammenleben, so der Goldröhrling und der graue Lärchenröhrling nur mit Lärchen, der Erlengrübling nur mit Erlen und der Elfenbeinröhrling nur mit fünfnadeligen Kiefern. Der Steinpilz ist weniger wählerisch.

Werdegang und Fortpflanzung der Pilzpflanze

Der Lebenslauf eines Pilzes soll am Beispiel eines Basidiomyceten mit Hut beschrieben werden. Er ist in den Grundzügen für alle Ständer- und Schlauchpilze sehr ähnlich. Das Dasein einer neuen Pilzpflanze beginnt bei der **Spore.** Der reife Fruchtkörper verstreut eine Unzahl von Sporen (der Riesenbovist bringt es auf einige Billionen!), und zwar ebenso viele ‹männliche› wie ‹weibliche›. Die beiden Geschlechter lassen sich auch mit dem besten Mikroskop nicht voneinander unterscheiden. Gelangt eine Spore in günstige, feuchtwarme Umgebung, so sprießt aus ihr eine erste langgestreckte, einkernige Zelle. Der Kern teilt sich, und die Zelle erhält eine Trennwand zwischen den Kernhälften. Durch stetige Weiterteilung, unter Aufnahme von Nährstoffen, entsteht eine mehrzellige Hyphe, die sich bald zum sog. **Primärmycel** verzweigt. Dieses Keimmycel hat lauter einkernige Zellen. Allein ist es nicht befähigt, zu einem vollen Pilz mit Fruchtkörper auszuwachsen. Berühren sich nun aber die Wachstumsspitzen zweier verschiedengeschlechtiger Primärmycelien, so verschmelzen die beiden Frontzellen. Nach dieser geschlechtlichen Vereinigung, die im Gegensatz zu den höheren Pflanzen und den Tieren ohne Kernverschmelzung stattfindet, wächst aus der ‹befruchteten› Zelle die eigentliche fertige Pilzpflanze, das sog. **Sekundärmycel,** mit lauter zweikernigen Zellen. Bei der Zellteilung spalten sich immer beide Kerne, so daß sämtliche Zellen einen männlichen und einen weiblichen Kern erhalten. Das Sekundärmycel besitzt die Voraussetzungen zur Bildung von **Fruchtkörpern** (vgl. Abb. 1). Solche kommen aber nur zustande, wenn sich die Pflanze ‹wohl fühlt› und in kräftigem Wachstum begriffen ist (günstige Nährbedingungen im Substrat, genügend Wasser und Wärme). Dann bilden sich meist nahe der Substratoberfläche dichte Hyphenknäuel, die sich rasch vergrößern, ans Tageslicht vorstoßen und zum Schirm auswachsen. In der **Fruchthaut** des Hutes, also an der Oberfläche von

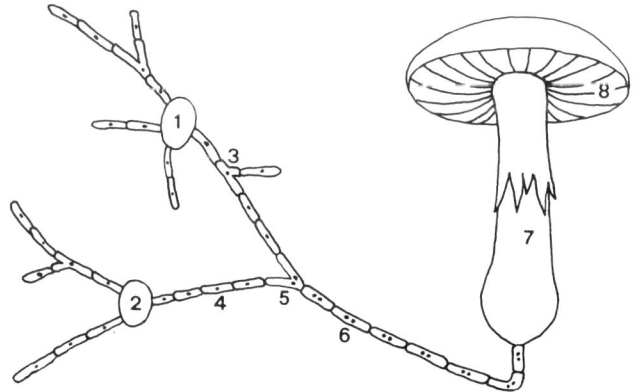

Abb.1 Schema des Lebenslaufs eines Hutpilzes. (1) weibliche Spore, (2) männliche Spore, (3) weibliches Primärmycel, (4) männliches Primärmycel, (5) Befruchtung durch Zellverschmelzung, (6) Sekundärmycel, (7) Fruchtkörper, (8) sporenbildende Fruchthaut.

Lamellen, Stacheln oder Röhren, wächst ein dichter Rasen von keuligen Zellen, die Ständer oder **Basidien** (nur im Mikroskop sichtbar!). In diesen verschmelzen endlich der weibliche und der männliche Kern. Nach Vermischung der Erbanlagen aus den beiden elterlichen Sporen findet die sog. Reduktions- oder Reifeteilung statt, die abermals zur Bildung von je zwei männlichen und weiblichen Kernen führt. Diese werden durch vier Fortsätze des Basidiums, die Sterigmen, ausgestülpt und von einer derbwandigen, mit konzentrierter Wegzehrung gefüllten Zelle umgeben (vgl. Abb. 2). Die solchermaßen geborenen **Sporen** werden abgeworfen und können – zwei unter Hunderttausenden sind schon ein besonderer Glücksfall – eine neue Pilzpflanze hervorzuzaubern.

Anatomie und Funktion der Pilzfruchtkörper

Was den Pilzjäger in erster Linie interessiert, ist der Fruchtkörper der Pilzpflanze. Auch der Fachmann kann einen Pilz meist nur anhand seines Fruchtkörpers eindeutig bestimmen. Wir wollen uns deshalb noch etwas mit der Analyse der Pilzfrüchte befassen. Geben wir zuerst dem Chemiker das Wort. Die meisten Pilze, mit Ausnahme gewisser Sklerotien und der alten Fruchtkörper von Holzporlingen, bestehen **im wesentlichen aus**

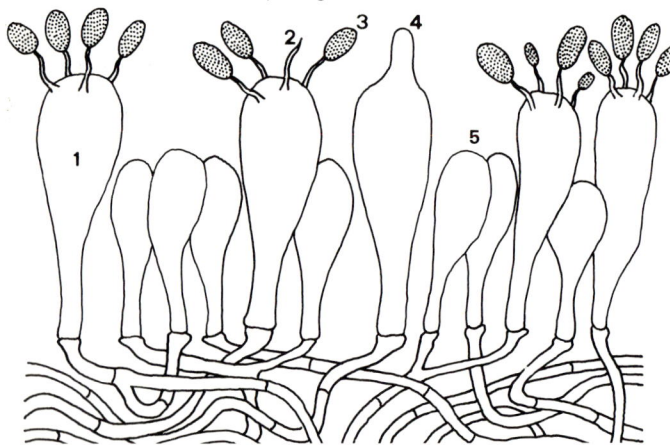

Abb. 2   Mikroskopischer Schnitt durch das Hymenium (Fruchthaut) eines Ständerpilzes mit Ständern oder Basidien (1) mit je vier an Sterigmen (2) sitzenden Sporen (3). Zwischen den sporentragenden Basidien sterile Cystiden (4) und Paraphysen (5).

Wasser, die schnellwüchsigen bis zu über 90 Prozent. Die wäßrigsten Arten sind somit ‹nässer› als Milch (87 Prozent Wasser). Das Hauptstützmaterial der höheren Pflanzen ist die Zellulose. Auch die Pilze produzieren diese zähe Fasersubstanz, ihre Zellwände bestehen aber großenteils aus **Chitin,** dem gleichen stickstoffhaltigen Kohlenhydrat-Abkömmling wie der Panzer der Insekten.

Was die Pilze für die Küche interessant macht, ist aber weniger das unverdauliche Chitin der Zellwände als der Zellinhalt. Über den Nährwert der Pilze erhält der Leser auf Seite 31 Aufschluß. Neben **Eiweiß,** Fetten, Kohlenhydraten, **Mineralien** und **Vitaminen** beherbergen die Pilzzellen eine große Zahl von arteigenen **Farb-, Duft-** und **Geschmacksstoffen,** die unsere Sinne erfreuen, aber auch bei der Bestimmung der Arten von großer Hilfe sein können. Jedem Sammler ist bekannt, daß gewisse Pilze bei Verletzung ihre Farbe ändern. Das Fleisch des Perlpilzes wechselt von Weiß nach Rot, das der Hexenröhrlinge von Gelb nach Blau. An dieser Farbverschiebung ist der Luftsauerstoff schuld. Die Farbstoffe entstehen im Moment der Verletzung durch Oxydation farbloser Vorstufen unter Mitwirkung von Enzymen. Inhaltstoffe besonderer Art besitzt der weiße (oder farbige) Saft der Milchlinge. Anders als die Milch der Säuger, ist die Pilzmilch eine Harz- und nicht eine Fettemulsion.

Nicht nur das im Substrat verborgene Mycel, auch der Fruchtkörper ist aus lauter Hyphen aufgebaut. Im Gegensatz zu den freien Einzelfäden des Mycels sind die Fruchtkörperhyphen auf verschiedene, geordnete Weise geknäuelt, gebündelt und verwoben. Diese feine Ordnung bildet die Grundlage der faszinierenden Vielfalt der Pilzfrüchte. Die Einzelpflanze erreicht im Fruchtkörper ihre höchste Entwicklungsstufe und sorgt gleichzeitig für die **Fortpflanzung ihrer Art.** Das Ziel, **auf beschränktem Raum eine größtmögliche Zahl von Sporen** zu erzeugen und für deren bestmögliche Verbreitung zu sorgen, wird auf verschiedenste, geniale Weise erreicht. Becherlinge, Morcheln, Porlinge, Korallen, Stachelpilze, Röhrlinge, Lamellenpilze − sie alle haben in ihrer Vielfalt eines gemeinsam: Die sporenbildende Fruchtschicht liegt außen am Pilzkörper. Wegen ihrer feinen Strukturierung (Runzeln, Waben, Stoppeln, Ästchen, Löcher, Röhren, Blättchen) ist die Oberfläche immer sehr groß im Vergleich zur Masse des Pilzes. Bei vielen Basidienpilzen liegt die Fruchtschicht ‹unter Dach›, vor Regen und praller Sonne geschützt, nach abwärts gerichtet. Die an den Ständerchen hängenden Sporen (Abb. 2) werden passiv fallen gelassen und dann vom Wind verfrachtet.

Anders bei den Ascuspilzen (Becherlinge, Lorcheln usw.); hier schaut die Fruchtschicht meist nach oben. Die reifen Sporen wurden in der windgeschützten Schüssel eines Becherlings einfach liegen bleiben und sich, wenn dieser verfault, auf kleinstem Raum konzentrieren, sorgte nicht ein sinniger Mechanismus für Verbreitung. Der Ascus, der in der Regel acht

Sporen beherbergt (Abb. 3), ist prall mit Flüssigkeit gefüllt. Unter zunehmendem Innendruck reißt die Schlauchzelle am äußeren Ende auf, und die Sporen werden mit Gewalt bis zu Dezimetern weit vom Pilz **wegkatapultiert.** Das Platzen der Asci wird eigenartigerweise durch Licht begünstigt. Die Erscheinung läßt sich schön beobachten, wenn man z. B. einen Orangebecherling plötzlich grellem Licht aussetzt. Unter ganz feinem Knistern steigt dann ein zartes Sporenwölkchen auf. Dieser Photoeffekt auf die Sporenschleudern sichert die Ausbreitung der potentiellen Nachkommen. Da Sonnenschein und Regen selten gleichzeitig einen Pilz treffen, ist Gewähr geboten, daß die Sporen vorzugsweise bei trockener Witterung ausgestoßen werden, was die Windverfrachtung begünstigt. Wieder anders sind die **Bauchpilze** um die Zeugung und Verbreitung von Nachkommen bemüht. Bei Bovisten, Stäublingen und Erdsternen besteht der größte Teil des Fruchtkörpers aus einem Beutel, angefüllt mit der **Fruchtmasse,** der sog. **Gleba.** Die Basidien bilden sich hier im Innern des Fruchtkörpers. Das Ausstreuen der Sporen wird erst nach dessen Absterben möglich. Die Gleba zerfällt zu Pulver, der lederne Mantel, die **Peridie,** reißt auf und verwittert. Oft wird der dauerhafte Pilzkörper durch

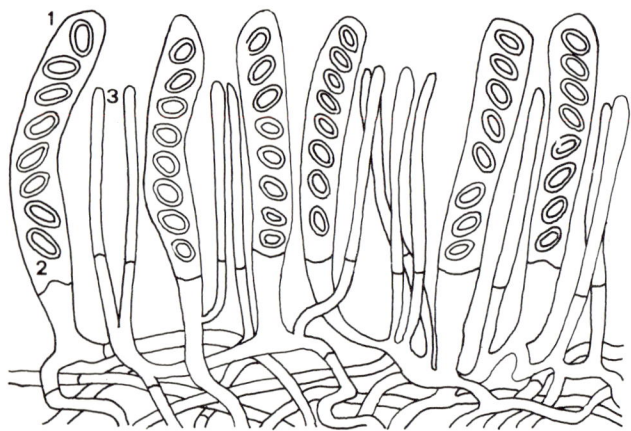

Abb. 3   Mikroskopischer Schnitt durch das Hymenium (Fruchthaut) eines Schlauchpilzes mit Fruchtschläuchen oder Asci (1), jeder acht Sporen (2) enthaltend, und sterilen Schläuchen oder Paraphysen (3).

äußere Gewalt (Wind, Tiere) von der Unterlage abgerissen und als Ganzes fortgetragen. Die Ausbreitung der Sporen erfolgt dann über längere Zeiträume. Auf Alpweiden findet man im Frühling die Vorjahresruinen des Hasenbovists, die beim Zerdrücktwerden noch große Mengen braunen ‹Rauchs› ausstoßen.

Eine raffinierte Art des Sporenvertriebs hat sich die **Stinkmorchel** ‹ausgedacht›. Ein eigentlicher Bauchpilz ist sie nur im Stadium des Hexeneis. Die fertige Stinkmorchel trägt ihre Fruchtmasse außen auf einer runzeligen Mütze. Der Stiel, auf dem die Mütze sitzt, produziert einen Stoff, der durch seinen penetranten Duft Fliegen anlockt. Diese tun sich an der breiigen Fruchtmasse gütlich und verbreiten die unverdaulichen Sporen durch ihre Exkremente.

Zum Schluß wollen wir uns noch mit den für die Erkennung der einzelnen Arten wichtigen Bauelementen der Fruchtkörper, vor allem der Hutpilze, befassen. Die allermeisten Lamellen- und Röhrenpilze (Agaricales), aber auch Vertreter anderer Ordnungen (Porlinge, Morcheln usw.) haben gestielte Fruchtkörper. Um seinen Stützfunktionen gerecht zu werden, ist der **Stiel** meist aus derben Hyphen gebaut und bei einigen Arten so zäh (z. B. Hallimasch), daß er kaum genießbar ist. Bei vielen Pilzen ist er hohl oder hat einen locker schwammigen (‹ausgestopften›) Innenraum. Die Zugehörigkeit eines Pilzes zur Familie der Russulaceae erkennt man leicht an dessen Stiel. Bei allen Milchlingen und Täublingen läßt sich dieser nämlich leicht quer zerbrechen, ohne zu zerfasern, etwa wie eine Kartoffel. Er hat keine längsgerichteten zähen Hyphenbündel wie die meisten anderen Pilzstiele, die in ihrer Konsistenz eher an Rhabarber erinnern. Wichtige Erkennungsmerkmale zeigt oft auch die **Stielbasis.** Sie kann spindelig verjüngt erscheinen und sich in dicken Hyphensträngen ins Substrat fortsetzen (‹wurzelnder› Stiel); sie kann aber auch knollig verdickt sein wie bei vielen Arten der Schleierlinge (Klumpfüße, Dickfüße) und der Amanitaceae.

Dem noch ungeübten ‹Magenbotaniker› kann das Nichtbeachten des Stielgrundes zum Verhängnis werden. Bei den giftigen Knollenblätterpilzen steckt die verdickte Basis in einer häutigen Scheide (Namen!) – nicht so bei den Champignons und Täublingen, mit denen jene verwechselt werden. Die Knolle des giftigen Pantherpilzes ist durch eine ‹Terrasse› vom Stiel abgesetzt; beim eßbaren Perlpilz geht sie ohne Absatz in den Stiel über. Eine Reihe von Hutpilzen hat einen beringten Stiel. Der **Ring** oder die **Manschette** ist Überbleibsel einer Hülle **(Velum partiale),** die in früher Jugend die Fruchtschicht bedeckte und am Hutrand angewachsen war. Bei den Schleierlingen ist diese innere Hülle ein feines Hyphengespinst, eine **Cortina,** deren Reste den Stiel des erwachsenen Fruchtkörpers oft als farbiger Fransenbehang oder hübsche Gürtelzonen schmücken (Gürtelfüße).

Der **Hut** ist bei den meisten Lamellen- und Röhrenpilzen ein gewölbtes bis ausgebreitetes, kreisrundes Dach. Er kann sich aber auch **walzenförmig** (Tintlinge) oder **trichterförmig** präsentieren (Pfifferlinge, Nabelinge, Trichterlinge). Oft hat der Hut in der Mitte eine Erhebung oder eine Vertiefung, er ist ‹**gebuckelt**› bzw. ‹**genabelt**›. Einige Gattungen und auch ganze Familien bringen **unsymmetrische Hüte** hervor (Seitlinge, Stummelfüßchen, Porlinge).

Eine mehr oder weniger derbe **Haut** bedeckt die **Hutoberseite.** Sie ist oft glatt und glänzend oder auch matt, rauh oder samtig, schuppig oder körnig, klebrig oder schmierig. Bei dünner Oberhaut hat der nasse Hut oft eine andere (dunklere) Farbe als der trockene. Der Pilz wirkt im Regen fast etwas glasig durchscheinend. Man bezeichnet solche Hüte als **hygrophan.** Gegen den Rand hin ist das Hutfleisch oft so dünn, daß sich die Lamellen auf der Oberseite abzeichnen; der Hutrand ist **gerieft.** Eine dicke, unelastische Haut kann beim Wachsen des Pilzes zerreißen. Der Hut erscheint dann rissig oder **gefeldert** (Beispiel: Rotfußröhrling). Auf der Huthaut und vor allem an der Hutkante findet man bei zahlreichen Arten mehr oder weniger deutliche Reste von zerrissenen Schleiern. Bei

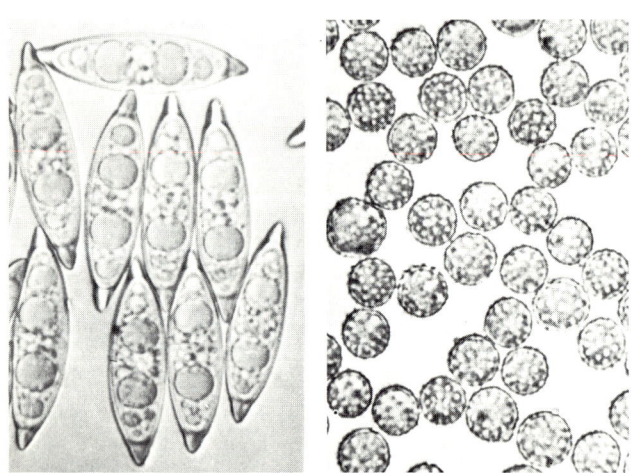

Abb. 4   Sporen der Wurzellorchel und des Rötlichen Lacktrichterlings. Vergrößerung 750 fach; die Kreise in den schiffchenförmigen Ascosporen der Wurzellorchel sind Öltropfen.

den Wulstlingen ist in der Jugend der ganze Fruchtkörper in eine häutige Hülle eingepackt. Die weißen Flecken des Fliegen-, Panther- und Perlpilzes, aber auch die Scheiden an der Stielbasis von Knollenblätterpilz und Scheidenstreifling sind Überbleibsel dieses **Velum universale.**

Auch die **Hutunterseite** mit den Trägern der Fruchthaut, dem Lamellen- oder Röhren‹futter›, zeigt wechselvolle Formen. Die senkrecht stehenden, radial angeordneten **Lamellen** können sehr unterschiedlich dick und breit sein, elastisch oder auch spröd und brüchig wie bei den Täublingen; sie können eng beisammen oder in lockerer Ordnung stehen. Man spricht dann von **gedrängten** bzw. **entfernten** Lamellen. Manche Lamellen sind nicht mit dem Stiel verwachsen (z. B. Schirmlinge), andere haben eine elegant geschweifte Schneide mit schmaler Stielverwachsung (z. B. Ritterlinge), und wieder andere sind dem Stiel entlang herabgezogen. Wir reden von **freien, ausgebuchteten** bzw. **herablaufenden** Lamellen. Zwischen den Hauptlamellen sind oft zur besseren Ausnützung der Hut-Außenbezirke nicht bis zum Stiel reichende Zwischenlamellen und -lamellchen eingestreut. Einige Lamellenpilze zeigen Anzeichen von Querwänden zwischen den Blättern, sog. **Anastomosen.** Bei den ‹engmaschigen› Röhrlingen ist die für die Fruchthaut nutzbare Oberfläche gegenüber den Lamellenpilzen wesentlich vergrößert.

Abschließend noch ein paar Worte zu den **Sporen:** Farbe, Größe, Form und Oberflächenbeschaffenheit der Sporen sind wichtige, oft entscheidende Artmerkmale. Die **Farbe** können wir ohne optische Hilfsmittel bestimmen: Der Fruchtkörper wird mit den Sporenträgern nach unten auf ein weißes (evtl. auch schwarzes) Papier gelegt und mit einem übergestülpten Gefäß vor Luftzug und Austrocknung geschützt. Nach einigen Stunden finden wir auf dem Papier ein Abbild des Lamellen- oder Röhrenmusters. Eine objektive Beurteilung der Sporenfarbe ist nur bei Tageslicht möglich. Zur Erkennung der übrigen Sporeneigenschaften ist ein gutes **Mikroskop** unerläßlich (vgl. S. 35). Mikroskopische Sporenuntersuchungen sind äußerst reizvoll, ganz besonders bei den Schlauchpilzen. Selbst im Bereich des Allerkleinsten ist die Welt der Pilze unerschöpflich in ihrer Vielfalt. Sie wartet nur darauf, von uns entdeckt und bewundert zu werden.

Giftpilze,
Pilzgifte und Pilzvergiftungen

Schutz vor Pilzvergiftungen

Gibt es eine allgemeingültige Regel, wonach sich giftige und eßbare Pilze mit Sicherheit erkennen lassen? Diese Frage muß entschieden verneint werden. Obwohl auf diese Erkenntnis in jedem volkstümlichen Pilzbuch hingewiesen wird, haben sich viele altüberlieferte ‹Pilzregeln› bis heute beharrlich erhalten. Der eine ‹Pilzkenner› warnt vor Pilzen, deren Fleisch sich beim Zerschneiden verfärbt. Der andere hält alle Pilze mit schleimiger Huthaut für verdächtig. Ein dritter wiederum ist der Meinung, daß die Giftpilze von Tieren gemieden werden und somit alle Pilze, die Fraßspuren von Schnecken, Insektenlarven und anderen Tieren aufweisen, eßbar seien. Auch diese Regel ist falsch. Kaltblüter dürfen nicht mit dem Menschen verglichen werden. Es ist bekannt, daß Schnecken große Mengen des für uns tödlich giftigen Knollenblätterpilzes schadlos vertragen. Aber auch das Wild und andere Warmblüter können Giftpilze ohne Schaden genießen und durch langsame Gewöhnung eine bedeutende Giftfestigkeit erreichen. Das Kaninchen zum Beispiel entwickelt gewisse Abwehrstoffe (Antitoxine), die selbst gegen das Gift des Knollenblätterpilzes wirken. Das Hausschwein ist ebenfalls sehr resistent gegen Giftpilze, reagiert aber eigenartigerweise sehr empfindlich auf den Hallimasch, den vom Menschen im allgemeinen gut vertragen wird. Verfütterung von Hallimasch oder auch nur von dessen Kochwasser kann für Schweine den Tod bedeuten.

Gar keine Sicherheit bietet auch die ‹Regel›, wonach giftige Pilze bei der Zubereitung am Schwarzwerden eines mitgekochten Silberlöffels oder -geldstückes erkannt werden können. Die Verfärbung des Metalls ist auf eine dünne Schicht von Silbersulfid zurückzuführen, die sich mit Spuren von Schwefelwasserstoff bildet. Dieser wird aus schwefelhaltigen Eiweißstoffen abgespalten. Eine gleiche Verfärbung des Silbers ist bei Kontakt mit Eierspeisen zu beobachten. Das Muscarin zum Beispiel, der Giftstoff des Fliegenpilzes, Pantherpilzes und des lebensgefährlichen Ziegelroten Rißpilzes, besteht aus Kohlenstoff, Wasserstoff, Sauerstoff und Stickstoff, ist also frei von Schwefel und kann somit keine derartige Reaktion mit Silber geben.

Zusammenfassend kann gesagt werden, daß es keine allgemeingültige Regel zur Unterscheidung von Gift- und Speisepilzen gibt. Jede derartige Regel schließt nicht nur viele wertvolle Speisepilze vom Genuß aus, sondern kann über kurz oder lang zu einer mehr oder weniger gefährlichen Vergiftung führen. Nur die genaue Kenntnis der einzelnen Pilzarten schützt den Pilzsammler und seine Tischgenossen sicher vor Vergiftungen. Es ist unumgänglich, die wichtigsten Unterscheidungsmerkmale zu kennen, insbesondere bei Gift- und Speisepilzen, die leicht miteinander verwechselt werden können.

Die Giftpilze

Nach ihrer Giftwirkung können die Giftpilze in vier Gruppen eingeteilt werden:

Gruppe A: Giftpilze mit lokaler Reizwirkung auf die Verdauungsorgane

Vergiftungen, die durch Pilze dieser Gruppe hervorgerufen werden, verlaufen nur ganz selten tödlich. Die ersten Anzeichen einer Vergiftung zeigen sich oft schon 15 bis 30 Minuten, bisweilen aber erst 1 bis 3 Stunden nach dem Genuß der Pilze. Es treten Übelkeit, Leibschmerzen, Erbrechen und Durchfall auf, begleitet von starkem Schwitzen, Schwindel und Ohnmachtsanfällen. Im allgemeinen erholt sich der Vergiftete innerhalb weniger Tage vollständig, und es bleibt lediglich ein anhaltender Widerwille gegen jeglichen Pilzgenuß zurück.

Wohl der giftigste und gefährlichste Pilz dieser Gruppe ist der **Riesenrötling** (Nr. 32).

Er hat vor allem in der Schweiz und in Frankreich schon viele Vergiftungen verursacht. Die Vergiftungserscheinungen sind äußerst heftig. Der Pilz kann auch Leberschädigung hervorrufen. Er ist also gewissermaßen ein Bindeglied zu den Giftpilzen der Gruppe C. Die Genesung nimmt oft längere Zeit in Anspruch. Todesfälle sind bei Kindern, älteren oder kranken Personen nicht ausgeschlossen.

In der Statistik über Pilzvergiftungen in der Schweiz steht der **Tigerritterling** (Nr. 18) zahlenmäßig an erster Stelle. In Deutschland ist der Pilz weniger verbreitet, so daß Vergiftungen entsprechend seltener auftreten. Der Pilz wirkt kaum tödlich, doch sind die Vergiftungssymptome auch bei dieser Art äußerst akut.

Zur Gruppe A gehören auch folgende Arten:

Leuchtender Ölbaumpilz (Nr. 8)
Schwefel- und Krötenritterling (Nr. 21)
Narzissengelber Wulstling (Nr. 36)
Gelber Knollenblätterpilz (Nr. 40)
Karbolchampignon (Nr. 49, Anmerkung)
Rebhuhnchampignon (Nr. 51, Anmerkung)
Grünblättriger Schwefelkopf (Nr. 56)
Liladickfuß (Nr. 62, Anmerkung)
Satansröhrling (Nr. 92, Anmerkung)

Blasse Koralle (Nr. 123)
Dreifarbige Koralle (Nr. 124)
Dickschaliger Kartoffelbovist (Nr. 131)
Mehr oder weniger starke Verdauungsstörungen verursachen auch
scharfe Täublinge (Beispiel: Nr. 69) und
scharfe Milchlinge (Beispiel: Nr. 71)
Bei den Wirkstoffen dieser Arten handelt es sich um scharfe Harze.
Vergiftungen sind selten, da sich derartige Täublinge und Milchlinge in
einem Pilzgericht durch den scharfen Geschmack bemerkbar machen.
Der mildschmeckende **Bruchreizker** (Nr. 74) wirkt in großen Mengen
genossen ebenfalls giftig. Getrocknet und pulverisiert ist er − in kleinen
Mengen − ein hervorragender Gewürzpilz.
Die Vorliebe für Rohkost ist mitunter der Grund für eine mehr oder
weniger starke Pilzvergiftung. Mehrere Speisepilze sind nämlich in unge-
kochtem Zustand giftig. Folgende Arten dürfen keinesfalls roh genossen
werden:
Hallimasch (Nr. 24)
Scheidenstreiflinge (Nrn. 34, 35)
Perlpilz (Nr. 39)
Flockenstieliger Hexenröhrling (Nr. 89)
Netzstieliger Hexenröhrling (Nr. 90)

Es ist durchaus möglich, daß noch andere Speisepilze zu dieser Reihe
gehören. Es empfiehlt sich also, auf den Rohgenuß von Pilzen überhaupt
zu verzichten.
Einige Arten wirken bei besonders empfindlichen Personen auch in
gekochtem Zustand giftig. Am häufigsten treten derartige Vergiftungen
nach dem Genuß folgender Arten auf:
Nebelgrauer Trichterling (Nr. 13)
Hallimasch (Nr. 24)
Netzstieliger Hexenröhrling (Nr. 14)
Die erwähnten Pilze sollten vor der Zubereitung immer abgebrüht und
möglichst nur im Mischgericht genossen werden.
Speisepilze, die keine Spur eines Giftstoffes enthalten, können dennoch
zu Erkrankungen führen. Es handelt sich hierbei um allergische Störungen
(Überempfindlichkeit gegen Pilzeiweiß), wie sie auch nach dem Genuß
von Eiern, Krebstieren oder Erdbeeren auftreten können. Prinzipiell sind
allergische Reaktionen auf jeden Speisepilz möglich.
Immer wieder treten Vergiftungen durch verdorbene Pilze auf. Alte, durch-
wässerte oder vom Frost betroffene Pilze enthalten giftige Zersetzungs-
produkte des Pilzeiweißes. Eine Erkrankung, die vom Genuß verdorbener
Pilze herrührt, verläuft im allgemeinen schleichender als eine echte
Vergiftung durch Pilze der Gruppe A.

Gruppe B: Pilze mit vorwiegend erregender oder lähmender Wirkung auf das Nervensystem

Die Pilze der Gruppe B enthalten als Giftstoff Muscarin, eine stickstoffhaltige Verbindung, die zu den Alkaloiden gezählt wird. Man unterscheidet Pilze, die nur Muscarin, und solche, die neben Muscarin noch andere Giftstoffe enthalten. Das Krankheitsbild ist unterschiedlich, je nachdem, ob es sich um eine reine Muscarin-Vergiftung oder um die kombinierte Wirkung verschiedener Alkaloide handelt.

Eine reine Muscarin-Vergiftung erzeugen folgende Pilzarten:

Ziegelroter Rißpilz (Nr. 61)
verschiedene andere Rißpilzarten
Bleiweißer Trichterling (Nr. 14)
Feldtrichterling (Nr. 14, Anmerkung)
und einige andere weiße, kleine Trichterlinge.

Die ersten Anzeichen einer Muscarinvergiftung treten 15 bis 45 Minuten, bisweilen erst 1 bis 2 Stunden nach der Mahlzeit auf. Das in den genannten Pilzen z. T. besonders reichlich vorhandene Muscarin bewirkt eine allgemeine Sekretionssteigerung, die sich in heftigen Schweißausbrüchen, Speichel- und Tränenfluß sowie Schleimauswurf aus den Luftwegen äußert. Der Magen-Darm-Kanal wird ebenfalls erregt. Besonders charakteristisch für die reine Muscarinvergiftung ist die starke Pupillenverengung, die zu einer vorübergehenden Erblindung führen kann. Der Giftstoff bewirkt weiter eine starke Blutdrucksenkung und Verlangsamung der Herztätigkeit. Nicht selten führen Herzlähmung oder Atemstillstand zum Tod. Das Bewußtsein bleibt bis zuletzt erhalten. Rauschzustände wie bei einer Fliegenpilz- oder Pantherpilzvergiftung sind nicht zu beobachten. Wohl der gefährlichste Giftpilz der Gruppe B ist der **Ziegelrote Rißpilz.** Er enthält 0,6 bis 0,8 Prozent Muscarin, d. h. etwa 20- bis 80mal mehr als der Fliegen- oder Pantherpilz. 40 bis 80 Gramm des Ziegelroten Rißpilzes können bereits tödlich wirken.

Der **Fliegenpilz** (Nr. 37) und
der **Pantherpilz** (Nr. 38)
enthalten neben 0,01 bis 0,03 Prozent Muscarin noch andere Giftstoffe. Der Krankheitsverlauf wird entscheidend durch das in größeren Mengen vorhandene Pilzatropin (auch Mycoatropin oder Muscaridin genannt) beeinflußt. Dieses wirkt ähnlich wie der Giftstoff der Tollkirsche, das Atropin. Muscarin und Pilzatropin sind wechselseitige Gegengifte, heben sich aber in ihrer Wirkung nicht vollständig auf, weil sie kaum je in ausgewogenen Mengen auftreten. Die ersten Vergiftungssymptome zeigen sich schon 15 bis 30 Minuten nach dem Genuß der Pilze. Sie äußern sich in starken Erregungs- und Rauschzuständen. Der Vergiftete ist in gehobener Stimmung, hat einen verstärkten Bewegungs- und Rededrang, singt, schreit, lacht, hat Gedächtnisstörungen und Wahnvorstellungen. Die Erregung

kann sich derart steigern, daß Wut- und Tobsuchtsanfälle auftreten, verbunden mit Muskelzuckungen und -krämpfen. Die Erregung geht schließlich in Benommenheit, Schlafsucht, Bewußtlosigkeit mit Puls-verlangsamung über. Todesfälle durch Herzlähmung und Atemstillstand sind nicht ausgeschlossen, aber sehr selten. Die Pupillenverengung (Wir-kung des Muscarins) ist kein eindeutiges Merkmal einer Fliegenpilz- oder Pantherpilzvergiftung. Es kann ebenso gut eine Pupillenerweiterung (Wir-kung des Pilzatropins) auftreten. Bisweilen verursachen die Giftstoffe starkes Erbrechen und werden so aus dem Körper ausgeschieden.

Vielfach wird behauptet, daß sowohl der Fliegenpilz wie der Pantherpilz nach Abziehen der Oberhaut eßbar seien. Es ist durchaus möglich, daß das Gift in der Oberhaut etwas angereichert ist. Das Fleisch selbst enthält aber noch genügend Alkaloidmengen für eine gefährliche Vergiftung.

Gruppe C: Pilze, die schädigend oder zerstörend auf lebens-wichtige Organe wirken

Im Vordergrund des Interesses stehen die tödlich giftigen Knollenblätter-pilzarten, nämlich

der **Grüne Knollenblätterpilz** (Nr. 41)

der **Spitzhütige Knollenblätterpilz** (Nr. 42) und

der **Flachhütige Knollenblätterpilz** (Nr. 43).

Als die gefährlichsten Giftpilze überhaupt sind sie für rund 90 Prozent aller Pilzvergiftungen mit tödlichem Ausgang verantwortlich. Die Knollen-blätterpilze fordern in Europa alljährlich mehrere Opfer.

Bis heute sind in den Fruchtkörpern dieser Gruppe sechs verschiedene Giftstoffe nachgewiesen worden. Die Hauptwirkstoffe sind Phalloidin und Amanitin. Deren Molekül besteht aus wenigen ringförmig zusammen-geschlossenen Aminosäuren. Es handelt sich um Peptide, also um einfach gebaute Verwandte der Eiweißkörper. Ein Exemplar des Grünen Knollen-blätterpilzes enthält etwa 0,5 Milligramm Phalloidin und 1 bis 2 Milli-gramm Amanitin. Diese geringen Mengen wirken beim Menschen bereits tödlich.

Die Vergiftung durch Knollenblätterpilze ist besonders heimtückisch, weil das Zerstörungswerk der Giftstoffe schon weit fortgeschritten ist, wenn die ersten Symptome auftreten. Diese machen sich frühestens 6 bis 10, bisweilen sogar erst 30 bis 48 Stunden nach der verhängnisvollen Mahlzeit bemerkbar. Die artkennzeichnenden Symptome einer Knollen-blätterpilzvergiftung sind: plötzlich einsetzendes, heftiges Erbrechen, choleraähnliche, wässerige Durchfälle, starke Schweißausbrüche, kolik-artige Leibschmerzen, quälender Durst, Wadenkrämpfe und Schwäche-zustände. In schweren Fällen kann schon im Anfangsstadium infolge Herzlähmung der Tod eintreten. Meist aber bessert sich scheinbar der

Zustand des Vergifteten. Am dritten Tage zeigen sich dann die Auswirkungen der Organschädigungen. Die Leber schwillt an und ist sehr druckempfindlich. Die Leberschädigung kann zu einer Gelbsucht führen. Nierenfunktionsstörungen äußern sich in Blut- und Eiweißharnen. Der Tod tritt nach 2 bis 12 (meist nach 6) Tagen infolge Zerstörung der Leber ein. Knollenblätterpilzvergiftungen mit nicht tödlichem Verlauf verlangen eine lange Erholungszeit und hinterlassen oft dauernde Leberschäden. Daher sind auch Spättodesfälle möglich. Die Knollenblätterpilzgifte erreichen über den Blutkreislauf sämtliche Teile des Körpers und können überall ihre zerstörende Wirkung auf die Zellen ausüben. Es wird nicht nur die Leber in Mitleidenschaft gezogen, sondern auch Nieren, Magen, Darm, Herzmuskulatur, Blutgefäße, Gehirn, Nerven usw.

In der Schweiz verlaufen durchschnittlich 30 Prozent der Knollenblätterpilzvergiftungen tödlich.

Zur Gruppe C gehören auch

die **Frühjahrslorchel** (Nr. 141) und

die **Riesenstocklorchel** (Nr. 141, Anmerkung).

Beide sind hervorragende Speisepilze und zugleich gefährliche Giftpilze. Sie enthalten einen als Gyromitrin bezeichneten, wasserlöslichen Giftstoff. Frische Lorcheln dürfen keinesfalls ohne entsprechende Vorbehandlung gegessen werden. Sie müssen zweimal in viel Wasser 5 bis 15 Minuten lang vorgekocht und dann mit Wasser auf einem Sieb überbraust werden. Das Kochwasser, das den Giftstoff enthält, ist wegzugießen. Die Erfahrungen der letzten Jahre zeigen aber, daß das Abbrühen keine absolute Gewähr gegen Vergiftungen bietet. Bis vor kurzem galten getrocknete und einige Monate gelagerte Lorcheln als giftfrei. Chemische Untersuchungen zeigten aber, daß auch Trockenlorcheln noch beträchtliche Mengen Gyromitrin enthalten. Es empfiehlt sich somit, Lorcheln, auch nach sachgemäßer Vorbehandlung, nicht in allzu großen Mengen zu genießen. Weiter sei davor gewarnt, mehrere Lorchel-Mahlzeiten kurz hintereinander einzunehmen. Kinder, alte oder geschwächte Personen sollten Lorcheln überhaupt meiden. Lorcheln haben in ihren Hauptverbreitungsgebieten (Mittel- und Osteuropa, Frankreich) schon Hunderte von schweren Vergiftungen, darunter viele mit tödlichem Ausgang, verursacht.

Der Krankheitsverlauf einer Lorchelvergiftung gleicht dem einer Knollenblätterpilzvergiftung. Im allgemeinen zeigen sich die ersten Symptome etwas früher, nämlich nach 2 bis 12, ausnahmsweise erst nach 24 Stunden. Das Lorchelgift ist ein starkes Zellgift, das vor allem zur Schädigung oder Zerstörung der Leber führt. Der Tod tritt nach 2 bis 12 Tagen ein.

Einen in der Wirkung ähnlichen Giftstoff enthält der

Kronenbecherling (Nr. 143).

Diese Art ist wie die Lorcheln nach Abbrühen eßbar. Vergiftungen durch den Kronenbecherling sind selten.

Zur Gruppe C gehört auch ein wenig bekannter Schleierling, dessen lebensgefährliche Giftigkeit erst 1955 erkannt wurde. Es handelt sich um den

Orangefuchsigen Schleierling, *Cortinarius orellanus (Fr.) Fr.* (auch Orangefuchsiger Hautkopf genannt).

Er hat von 1952 bis 1957 in Polen 132 Vergiftungsfälle, davon 19 mit tödlichem Ausgang, verursacht. Das Gift dieses Pilzes schädigt die Nieren und auch andere Organe. Merkwürdig ist, daß bei Vergiftungen durch diese Art die ersten Anzeichen erst 3 bis 14 Tage nach dem Genuß der Pilze auftreten. Dies dürfte mit ein Grund sein, warum dieser Schleierling erst in neuerer Zeit als Giftpilz erkannt wurde. Die Krankheit verläuft sehr schleichend. Der Tod infolge Nierenversagens tritt nach 2 bis 3 Wochen, bisweilen erst nach Monaten ein. 30 Gramm des frischen Pilzes wirken bereits tödlich.

Der Orangefuchsige Schleierling ist 1965 erstmals in der Schweiz nachgewiesen worden. Der Pilz kommt im Kanton Tessin im Mendrisiotto und im Gebiet des Malcantone vor. In Frankreich und Deutschland findet er sich ebenfalls, hat aber wegen seiner Seltenheit noch keine Vergiftungen verursacht.

Der Orangefuchsige Schleierling gehört in die große Gattung Cortinarius (Schleierlinge), die in Mitteleuropa über 400 Arten umfaßt. Er ist, abgesehen vom schwachgiftigen Liladickfuß, die einzige giftige Art dieser Gattung.

Hier ist der ‹Steckbrief› dieses gefährlichen Giftpilzes:

Hut: 3–8 cm, orangefuchsig mit feinen, angedrückten, gleichfarbigen oder dunkleren Schüppchen, ± gewölbt und stumpf gebuckelt. Rand anfänglich eingerollt.

Lamellen: rostfuchsig, safranfuchsig bis zimtbraun, entfernt stehend, dicklich.

Stiel: gelbfuchsig, ± faserig, gegen die Basis leicht verjüngt, mit hellgelbem, rasch vergänglichem Schleier.

Fleisch: fuchsig, mit schwachem, rettichartigem Geruch. Geschmack mild.

Sporen: mandelförmig, 8,5–12/5,5–6,5 µm. Staub rostbraun.

Vorkommen: August bis Oktober, vorwiegend im Laubwald.

Schöne Abbildungen dieses Giftpilzes sind in Michael/Hennig: Handbuch für Pilzfreunde, Bd. 4, Nr. 98; in H. Romagnesi: Petit atlas des champignons, Nr. 128a, und in den Schweizer Pilztafeln, Bd. 5, Nr. 64, zu finden.

Gruppe D: Giftpilze, die sich nicht in die Gruppen A, B oder C einreihen lassen

1971 erschien in der medizinischen Literatur ein Aufsatz über zwei Todesfälle, die auf den Genuß des

Kahlen oder Empfindlichen Kremplings (Nr. 1)
zurückzuführen waren. Die beiden Opfer hatten jahrelang diesen Pilz gekocht gegessen, ohne irgendwelche Beschwerden zu haben.
Der Kahle Krempling galt bisher als eßbar. Man wußte, daß er roh genossen schwere Darmstörungen verursachen kann. Es wurde daher empfohlen, die Pilze abzubrühen oder gut durchzubraten. Der im Frischpilz vorhandene Giftstoff ist nicht für die beiden Todesfälle verantwortlich. Genaue Untersuchungen haben ergeben, daß in gut durchgekochten Kahlen Kremplingen überhaupt kein eigentlicher Giftstoff vorhanden ist. Die Todesfälle sind auf eine sogenannte Antigen-Antikörper-Reaktion zurückzuführen, als Folge des Eintritts körperfremder Stoffe in die Blutbahn. Durch mehrmaligen Genuß des Pilzes wird das Blut gegen die Pilzantigene sensibilisiert, was schließlich zu einer Nahrungsmittelallergie führt. Die Sensibilisierung kann jahrelang anhalten, auch wenn während dieser Zeit keine Kahlen Kremplinge gegessen werden. Die eigentliche Todesursache ist eine akute Hämolyse, das heißt eine Zerstörung (Auflösung) der roten Blutkörperchen unter Austritt des roten Blutfarbstoffes ins Blutplasma. Aufgrund dieser Erkenntnis muß der Kahle Krempling von der Liste der eßbaren Pilze gestrichen werden.
Eigenartig in seiner Giftwirkung ist der
Graue Faltentintling (Nr. 53).
Er ist völlig unschädlich, solange nicht vor, während oder nach der Mahlzeit Alkohol in irgendeiner Form getrunken wird. Mit Alkohol zusammen genossen aber bewirkt der Pilz Rötung der Gesichtshaut, Beschleunigung der Herz- und Atemtätigkeit, bisweilen Übelkeit. Die Beschwerden klingen nach einigen Stunden wieder ab. Die Symptome sind dieselben wie nach der Einnahme des Medikamentes ‹Antabus›, das bei chronischen Alkoholikern allgemein als Entwöhnungsmittel angewandt wird. Unter normalen Bedingungen wird der Alkohol im menschlichen Körper zu Essigsäure oxidiert. ‹Antabus› und auch das Gift des Faltentintlings bewirken, daß die Oxidation auf einer Zwischenstufe haltmacht. Das Zwischenprodukt (Acetaldehyd) reichert sich im Blut an und löst die Vergiftungserscheinungen aus.
Alle hier beschriebenen Arten werden bezüglich ihrer Giftigkeit vom
Mutterkorn (Nr. 147)
weit übertroffen. Die Sklerotien dieses Pilzes wirken schon in einer Menge von 5 bis 10 Gramm tödlich. Das Mutterkorn lebt als Parasit vor allem auf Roggen. Es kann auch andere Getreidearten und Gräser befallen. Die Giftstoffe des Mutterkorns lösen die sogenannte ‹Kribbelkrankheit› aus, die im Mittelalter als Folge des Genusses von mutterkornhaltigem Speisemehl oder Brot oft verheerend auftrat. Im Jahre 922 sollen dieser Krankheit in Frankreich und Spanien rund 40 000 Menschen erlegen sein. Heute sind Mutterkornvergiftungen selten, da das Getreide sorgfältig gereinigt

wird. Immerhin erkrankten 1951 im südfranzösischen Städtchen Pont-Saint-Esprit über 200 Personen (von denen einige sogar starben), weil mutterkornhaltiges Brot verkauft worden war.

Die Alkaloide des Mutterkorns wirken stark gefäßverengend. Die resultierenden Durchblutungsstörungen äußern sich zuerst in Kribbeln und Jucken an Händen und Füßen. Später können Finger und Zehen brandig werden und absterben. Weitere Symptome sind schmerzhafte Krämpfe, Selbstmordtrieb und Wahnsinn. Die Mutterkornvergiftung wird auch als Ergotismus bezeichnet.

Die Mutterkorn-Alkaloide sind pharmakologisch sehr wirksam und werden — sorgfältig dosiert — in der Gynäkologie, zur Bekämpfung der Migräne und für andere medizinische Zwecke verwendet. Heute läßt sich der Bedarf an Mutterkorn aus dem natürlichen Vorkommen allein nicht mehr decken. Zur Gewinnung größerer Mengen wird Roggen künstlich mit dem Pilz infiziert.

Verhalten bei Pilzvergiftungen, Erste Hilfe

Besteht begründeter Verdacht auf eine Pilzvergiftung, so ist rasch eine möglichst vollständige Entleerung des Magens und Darms herbeizuführen. Durch Kitzeln des Schlundes mit dem Finger kann Erbrechen ausgelöst und so ein großer Teil der noch nicht verdauten Giftpilze aus dem Körper entfernt werden. Mit kräftigen Abführmitteln oder Spülungen ist der Darm zu entleeren. Dem Erkrankten ist Wasser oder Milch zu verabreichen, damit die noch vorhandenen Giftstoffe verdünnt werden. Keinesfalls darf Alkohol eingenommen werden. Eine gute Wirkung kann durch medizinische Kohle erzielt werden. Durch diese werden die Giftstoffe adsorbiert (aufgesaugt), ähnlich wie im Filter einer Gasmaske.

Einen Hinweis auf den Gefährlichkeitsgrad einer Pilzvergiftung gibt die Zeitspanne zwischen der Mahlzeit und dem Auftreten der ersten Symptome. Vergiftungen, die sich schon nach kurzer Zeit bemerkbar machen, sind meist harmloser Natur. Man hüte sich aber, dies zu verallgemeinern, da die Schwere einer Pilzvergiftung nicht nur von der Art und Menge der genossenen Pilze abhängig ist, sondern auch vom Alter und Gesundheitszustand der betroffenen Personen. Bei Kindern und alten oder kranken Personen sollte immer ein Arzt zugezogen werden.

Zeigen sich die Vergiftungserscheinungen später, so muß mit Komplikationen gerechnet werden, weil dann der größte Teil der Giftstoffe bereits ins Blut übergegangen ist. Trotzdem versuche man, durch Entleerung von Magen und Darm Giftreste zu entfernen. Man benachrichtige sofort einen Arzt oder bringe den Vergifteten in ein Krankenhaus.

Besonders gefährlich sind Vergiftungen, die sich erst mehrere Stunden nach der Pilzmahlzeit oder sogar erst am nächsten oder übernächsten Tag bemerkbar machen. In diesem Falle muß mit einer Vergiftung durch

Knollenblätterpilze gerechnet werden. Da höchste Lebensgefahr besteht, muß der Kranke rasch in ein Spital eingeliefert werden.

Noch im Abfalleimer vorhandene Rüstabfälle oder Reste der Pilzmahlzeit sind sicherzustellen. Das Erbrochene und auch der Stuhl sind aufzubewahren. Der Arzt wird einen Pilzsachverständigen zuziehen, der die Reste untersucht und die für die Vergiftung verantwortliche Pilzart feststellt. Dies kann für die Anwendung der medizinisch wirksamsten Behandlungsmethode von großer Bedeutung sein.

Pilze als Nahrungsmittel

Speisewert der Pilze

Die eßbaren Pilze bestehen zu 80 bis 93 Prozent aus Wasser. Die Hauptbestandteile der Trockensubstanz sind Eiweiß und Kohlenhydrate. Fett ist nur in unbedeutenden Mengen vorhanden. Der Eiweißgehalt ist von Art zu Art recht unterschiedlich. Besonders eiweißreich (5–6%) sind Steinpilz, Champignons, Parasolpilz und Boviste. Wenig Eiweiß (1–2,5%) enthalten Schafporling, Semmelstoppelpilz, Eierpilz, Röhrlinge (außer Steinpilz) und Ritterlinge. Das Pilzeiweiß gilt als schwerverdaulich. Die Verdaulichkeit ist abhängig von der Art, wie die Pilze zubereitet und beim Kauen zerkleinert werden. Im günstigsten Falle werden 70 bis 80 Prozent des Pilzeiweißes verdaut. Der Gehalt an verdaulichen Kohlenhydraten liegt bei 3 bis 6 Prozent. Beträchtlich ist auch der Gehalt an Vitaminen B1, B2 und D sowie an Mineralstoffen.

Der Nährwert der Pilze läßt sich mit dem von Gemüse vergleichen. Er liegt je nach Pilzart um 20 bis 40 Kalorien pro 100 Gramm Frischpilze. Gedörrte Pilze sind in ihrem Kaloriengehalt mit Brot und Fleisch vergleichbar (gedörrte Steinpilze: 220 Kalorien/100 g). Für den Speisewert ist nicht allein der Kaloriengehalt maßgebend; ebenso wichtig ist die Schmackhaftigkeit. In dieser Hinsicht sind Pilze dem Fleisch gleichwertig.

Die Verwertung der Pilze

Die schon im Wald vorgereinigten Pilze werden zunächst halbiert. Von Maden befallene oder sonstwie unansehnliche Stellen werden herausgeschnitten. Zähe Stiele schneide man vollständig ab. Die Huthaut wird nur dann entfernt, wenn sie schleimig, lederig oder mit Schuppen bedeckt ist. Bei jungen Pilzen lasse man die Lamellen oder Röhren stehen, da sie die nährstoffreichsten Teile des Pilzes sind. Die Fruchtschicht wird nur bei alten Pilzen entfernt oder dann, wenn sie durch Transport oder Lagerung unansehnlich geworden ist. Die gereinigten Pilze werden zerschnitten und gewaschen; dann läßt man sie im Sieb gut abtropfen. Einige Arten müssen vor der Zubereitung abgebrüht werden (siehe Pilzbeschreibungen). Hochwertige Arten soll man nicht zu stark würzen, damit das spezifische Eigenaroma voll zur Geltung kommt. Minderwertigere Sorten werden kräftiger gewürzt und so schmackhafter gemacht. Pilze lassen sich auf die verschiedensten Arten zubereiten. Es gibt Kochbücher, die sich ausschließlich mit der Zubereitung von Pilzen befassen. Jeder Hausfrau und jedem Hobbykoch stehen schier unbegrenzte Möglichkeiten offen, kulinarische ‹Pilzforschung› zu betreiben. Als Anregung hier einige Rezepte:

Pilzgemüse

Grundrezept: Feingehackte Zwiebeln in Butter hellgelb anschwitzen. Zerkleinerte, gewaschene und gut abgetropfte Pilze beifügen, salzen, pfeffern und im eigenen Saft eindünsten. Weißwein oder Zitronensaft zugeben und kurz aufkochen lassen. Nach Belieben nachwürzen, eventuell mit Schnittlauch oder Petersilie überstreuen.

Variante 1 (Pilze an Rahmsauce): Den nach dem Grundrezept zubereiteten Pilzen Rahm oder besser Sauerrahm beimischen und servieren.

Variante 2 (Pilze an weißer Sauce): In einer andern Pfanne Butter und Mehl erwärmen und gut vermischen, ohne daß das Mehl Farbe annimmt. Unter ständigem Rühren mit dem Schwingbesen Wasser oder Milch zugeben. Würzen. Einige Minuten kochen lassen, bis die Masse eine dickliche Konsistenz angenommen hat. Vor dem Servieren wird ohne weiterzukochen Eigelb oder/und Rahm eingerührt und mit den nach dem Grundrezept zubereiteten Pilzen vermischt.

Variante 3 (Pilze an brauner Sauce): Zubereitung nach Grundrezept. Statt Weißwein oder Zitronensaft wird jedoch in Rotwein angerührte, gebundene Bratensauce (Fertigsauce) zugegeben und noch einmal aufgekocht. Mit Sauerrahm eventuell verfeinern.

Für Pilzgemüse eignen sich besonders Gemische verschiedener Pilzarten.

Pilzsaucen

Die Zubereitung erfolgt im Prinzip in gleicher Weise wie bei den Pilzgemüsen, nur werden weniger Pilze mit mehr Sauce verlängert. Für Pilzsaucen sind besonders geeignet: Steinpilze, Morcheln, Lorcheln, Totentrompeten, Champignons. Für Steinpilz-, Morchel- oder Lorchelsauce sind getrocknete Pilze vorzuziehen, da so das arttypische Aroma stärker hervortritt. Frische Lorcheln müssen vor der Zubereitung entgiftet werden, indem man sie einmal oder besser zweimal 5 bis 10 Minuten lang mit viel Wasser abkocht und in einem Sieb mit warmem Wasser überbraust. Kochwasser fortgießen!

Pilzsuppen

Die zerkleinerten Pilze werden mit Zwiebeln in Butter gedünstet, mit Mehl bestäubt und mit der entsprechenden Menge Wasser abgelöscht. Bouillonwürfel oder Fleischextrakt zugeben, salzen und würzen. Durch Zugabe von Pilzpulver kann das Pilzaroma verstärkt werden. Dann etwa eine halbe Stunde auf kleinem Feuer kochen lassen. Eventuell mit Eigelb oder Rahm verfeinern.
Die vorgekochten Pilze können auch jeder anderen Suppe zugesetzt werden. Empfehlenswert für Pilzsuppen sind Steinpilze (vor allem getrocknete) und Stockschwämmchen.

Gebratene Pilze

Gut gereinigte, trockene (also nicht gewaschene), ganze oder halbierte Pilzhüte oder in dicke Scheiben geschnittene Pilze werden gesalzen und gewürzt, mit Mehl bestäubt und in Butter oder Öl gebraten. Die Pilze können nach dem Würzen auch durch ein geschlagenes Ei gezogen, in Paniermehl gewendet und wie Wiener Schnitzel gebraten werden.
Zum Braten eignen sich besonders Parasolpilz, Safranschirmling, Riesenbovist, Hasenbovist, Reizker und Brätling (der Geschmack des Brätlings sagt nicht jedem zu).

Pilzsalate

In Scheiben oder Streifen geschnittene Pilze in leicht gesalzenem Wasser nicht zu weich kochen. In einem Sieb unter fließendem Wasser rasch abkühlen. Gut abtropfen lassen und mit einer beliebigen Salatsauce anrühren. Vor dem Servieren mindestens eine halbe Stunde ziehen lassen. Für Salate sind vor allem festfleischige Pilze geeignet. Viele Speisepilze sind roh genossen giftig. Es ist daher nicht ratsam, Pilze im Rohzustand zu Salaten zu verarbeiten. Ausnahmen sind Eispilz, Roter Gallerttrichter und Judasohr, die roh als Salatpilze verwendbar sind.

Das Trocknen der Pilze

Das Trocknen der Pilze ist wohl die einfachste und älteste Konservierungsmethode. Die Pilze werden gereinigt und in größere, nicht allzu dünne Scheiben geschnitten. Morcheln, Lorcheln und Totentrompeten werden halbiert, um im Innern etwa vorhandene Schnecken und andere Tiere bzw. deren Exkremente zu entfernen. Die Pilze dürfen keinesfalls gewaschen werden. Am raschesten lassen sich die Pilze in einem Dörrapparat trocknen. Man kann sie auch auf einem Karton ausbreiten und an der Sonne

oder auf einem Heizkörper trocknen. Man versuche nicht, Pilze im Backofen zu trocknen; sie werden dann unansehnlich dunkel und glasig-hart. Die getrockneten Pilze lasse man anschließend einige Stunden offen ausgebreitet in einem ungeheizten Raum liegen, damit sie wieder etwas Feuchtigkeit aufnehmen können. Sie sollen nachher nicht mehr hart und brüchig sein. Das Aroma der getrockneten Pilze entwickelt sich erst bei der Lagerung; hierzu ist aber ein gewisser Feuchtigkeitsgehalt notwendig. Das Dörrgut wird in Gläsern oder Plastikbeuteln aufbewahrt. Vor Gebrauch werden die Dörrpilze einige Stunden in Wasser eingeweicht.
Nicht alle Pilze sind zum Trocknen geeignet. Getrocknete Eierpilze und Semmelstoppelpilze bleiben auch nach dem Einweichen noch zäh. Leicht verderbliche Pilze, wie Perlpilz oder Schopftintling, sollen ebenfalls nicht getrocknet werden.

Die Herstellung von Pilzpulver

Zur Herstellung von Pilzpulver sind hauptsächlich aromatische Sorten geeignet. Es können hierzu auch ältere Exemplare und zähe Pilze oder Teile davon (z. B. Stiele) verwendet werden. Die vollständig trockenen (also brüchigen) Schnitzel verschiedener Pilzsorten werden im Mixer fein pulverisiert. Das Pulver wird in einem gutschließenden Glas oder einer Büchse aufbewahrt.
Prinzipiell kann jeder zum Trocknen geeignete Pilz zur Herstellung von Pilzpulver verwendet werden. Folgende Arten sind besonders zu empfehlen: Steinpilz, Maronenröhrling, Rotfußröhrling, Ziegenlippe, Schafporling, Habichtspilz, Herbstlorchel, Totentrompete, Stockschwämmchen, Parasolpilz (zähe Stiele davon), Aniszähling, Reizker, Kampfermilchling, Bruchreizker.
Bei der Dosierung der beiden zuletzt angeführten Arten sei man sehr vorsichtig, da sonst ihr durchdringendes Maggi-Aroma alles überdeckt. Im Pilzpulver soll der Anteil dieser Milchlingsarten nicht mehr als 5 Prozent betragen.
Pilzpulver dient zur Verbesserung des Geschmacks von Suppen und Saucen. Es soll nur in kleinen Mengen verwendet werden.

Die Verwendung des Mikroskopes in der Pilzkunde

Im vorliegenden Taschenbuch sind bei jeder beschriebenen Pilzart jeweils auch die Formen und Abmessungen der Sporen sowie die Farbe des Sporenstaubes angegeben. Die Sporenfarbe kann leicht makroskopisch festgestellt werden (siehe S. 21). Die Sporen selbst hingegen sind derart klein, daß sie einzeln weder mit bloßem Auge noch mit einer Lupe zu sehen sind. Die Bestimmung der Form, Beschaffenheit und Größe ist nur mit dem Mikroskop möglich. Die Größe der Sporen wird in µm angegeben (1 µm = 1 Mikrometer = 1/1000 mm).

Eine Pilzart ist nur dann sicher bestimmt, wenn die makroskopischen und mikroskopischen Merkmale mit den Literaturangaben übereinstimmen. In den meisten Fällen genügen die äußerlichen Merkmale durchaus für eine einwandfreie Bestimmung der Art. Pilze aus artenreichen Gattungen mit vielen ähnlichen Verwandten (z.B. Rißpilze, Schleierlinge, Becherlinge usw.) sind oft nach rein makroskopischen Merkmalen nicht mit Sicherheit bestimmbar. Der mit dem Mikroskop arbeitende Pilzfreund erlebt immer wieder Überraschungen, wenn er zur Bestätigung einer nach äußerlichen Merkmalen durchgeführten, ihm als sicher erscheinenden Bestimmung noch die Sporen oder andere Teile des Pilzes mikroskopisch untersucht und feststellen muß, daß er sich geirrt hat.

Jeder Pilzfreund, der mit der anspruchsvolleren Bestimmungsliteratur umgehen kann, ärgert sich darüber, wenn er bei einer Pilzbestimmung etwa wissen sollte, ob der Pilz glatte oder warzige, unter oder über 10 µm große Sporen habe, und dies in Ermangelung eines Mikroskopes nicht feststellen kann. Mancher hat sich daher zur Anschaffung eines solchen Geräts entschlossen und geglaubt, daß, wenigstens für den Anfang, ein billiges Instrument in der Preislage von etwa hundert Franken genüge. Tatsächlich gibt es Mikroskope dieser Preisklasse, die eine 600fache Vergrößerung erlauben. Eine starke Vergrößerung ist aber kein Qualitätsmerkmal für ein Mikroskop! Viel wichtiger ist ein gutes Auflösungsvermögen oder, mit andern Worten, das Vermögen des Objektivs, feinste Details scharf wiederzugeben. Billige Instrumente, die nicht mit geschliffenen, sondern nur mit Preßglaslinsen ausgerüstet sind, genügen dieser Anforderung nicht. Sie ergeben zudem verzerrte, randunscharfe Bilder mit starken Farbsäumen. Für unsere Zwecke kommen nur Qualitätsmikroskope in Frage. Es braucht durchaus kein neues Instrument zu sein. Ein 30 bis 50 Jahre altes Markenmikroskop leistet in jeder Beziehung bessere Dienste als ein neues, minderwertiges Schülermikroskop. Für die Beurteilung eines Gelegenheitsangebots zieht man am besten einen Fachmann bei, sofern man nicht selbst in der Lage ist, das Gerät zu bewerten. Für ein neues, für unsere Zwecke geeignetes Mikroskop muß man mindestens 500 Franken anlegen. Ein solches Gerät ist sehr einfach ausgerüstet. Auf Kreuztisch, Hochleistungslichtquelle und stark vergrößerndes Immersionsobjektiv muß man in dieser Preislage natürlich verzichten, doch können diese Ausrüstungsteile später angeschafft werden.

Der Laie schreckt nicht nur aus finanziellen Gründen davor zurück, sich ein Mikroskop anzuschaffen. Er glaubt vielmehr, daß es für dessen Benutzung einer wissenschaftlichen Schulung bedarf. Gewiß gibt es mikroskopische Untersuchungsmethoden, die nur dem Fachmann mit langjähriger Erfahrung zugänglich sind. Für einfache mikroskopische Sporenanalysen aber ist keine schwierige Präparations- und Färbetechnik nötig. Wohl jeder ist bereits nach kurzer Einführung, sei es durch eine Person, die etwas vom Mikroskopieren versteht, sei es durch Studium eines volkstümlichen Fachbuches, in der Lage, einfache Sporenuntersuchungen durchzuführen. Als gute Anleitung sei das Hallwag-Taschenbuch Nr. 28 von Max Loosli über das Mikroskopieren empfohlen. Der Verfasser widmet darin auch den Pilzen ein Kapitel.

Mikroskopische Sporenanalysen verlangen eine starke Vergrößerung. Man arbeitet meist mit Objektiven mit einer Eigenvergrößerung von 40 oder 100×, was bei Gebrauch eines Okulars mit einer Vergrößerungszahl von 10× eine Gesamtvergrößerung von 400 bzw. 1000× ergibt. Weiter sei die Anschaffung eines schwachen Objektives (4–10×) empfohlen, das beim Absuchen des Präparates nach einer geeigneten Stelle gute Dienste leistet. Objektive mit einer starken Eigenvergrößerung (100×) werden als Ölimmersionsobjektive bezeichnet. Auf das über dem Präparat liegende Deckgläschen wird ein Tropfen eines speziellen Öls gegeben und in diesen die Objektivfrontlinse eingetaucht. Mit der Ölimmersion erreicht man eine bessere Auflösung als mit den sogenannten Trockenobjektiven. Der Gebrauch der Ölimmersion ist im Hallwag-Taschenbuch Nr. 28 beschrieben. Zur Bestimmung der Sporengröße braucht man noch ein Meßokular oder ein Okularmikrometer, das Messungen mit jedem beliebigen Okular gestattet. Das Okularmikrometer ist nichts anderes als ein rundes Glasplättchen von etwa 20 Millimeter Durchmesser, das mit einem Miniaturmaßstab von 10 Millimeter Länge, eingeteilt in 100 Teilstriche, versehen ist. Jedes Okular kann aufgeschraubt und das Meßplättchen auf die eingebaute Sehfeldblende gelegt werden. Das Meßokular muß dann geeicht werden. Die Eichung wird mit allen zur Verfügung stehenden Objektiven vorgenommen. Man benötigt hierzu ein Objektmikrometer. Es handelt sich um einen Objektträger, der mit einer 1 oder 2 Millimeter langen, in 1/100 Millimeter eingeteilten Skala versehen ist. Das Objektmikrometer borgt man sich beim Optiker aus, da man es nur einmal benötigt. Ältere Mikroskope besitzen oft einen ausziehbaren Tubus, der gestattet, die

Vergrößerung innerhalb gewisser Grenzen zu verändern. Bei der Eichung kann man den Tubus so verstellen, daß man günstige, ganzzahlige Okularmikrometerwerte erhält. Wie die Eichung eines Meßokulars vorgenommen wird, ist im Hallwag-Taschenbuch Nr. 28 erklärt.

Bei der mikroskopischen Betrachtung und Messung der Pilzsporen kann prinzipiell nach zwei verschiedenen Methoden vorgegangen werden. Man untersucht entweder feine Schnitte aus der Fruchtschicht des betreffenden Pilzes oder bereits vom Pilz abgeworfene Sporen. Die zweite Methode ist, sofern man nur die Sporen betrachten will, vorzuziehen, da man sicher ist, daß sie vollständig ausgereift sind. Bei Schnittpräparaten erhält man oft zu niedrige Werte, insbesondere wenn noch die nötige Erfahrung fehlt, um den Reifezustand der Sporen beurteilen zu können.

Auf Seite 21 ist beschrieben, wie man Pilzsporen gewinnt. Eine kleine Menge des Sporenstaubes wird mit Hilfe eines geeigneten Instruments auf einen Objektträger gebracht und mit einem Tropfen Wasser verrührt. Nachdem man das Präparat mit einem Deckgläschen versehen hat, kann man die Sporen betrachten und ausmessen. Die Sporen lassen sich auch direkt vom Pilz auf den Objektträger bringen, indem man den Hut mit der Fruchtschicht nach unten darauflegt. Eine gleichmäßigere Sporenschicht erhält man, wenn der Pilzhut mit Bleistiften oder dergleichen unterstützt wird, damit die Fruchtschicht nicht mit der Glasoberfläche in Berührung kommt. Dünne Staubschichten, die sich oft schon nach wenigen Stunden gebildet haben, können ohne Wasser untersucht werden. Von dünnen Staubschichten lassen sich leicht Dauerpräparate anfertigen, indem man das daraufgelegte Deckgläschen am Rande mit einem sehr dickflüssigen, rasch trocknenden Lack oder mit geschmolzenem Wachs festklebt. Der Klebstoff darf dabei natürlich nicht unter das Deckgläschen fließen.

Querschnitte durch die Fruchtschicht können direkt oder, wie im Hallwag-Taschenbuch Nr. 28 beschrieben, mit der Holundermark-Schnittechnik hergestellt werden. Die Schnittpräparate werden auf einen Objektträger gebracht und nach Zugabe eines Wassertropfens mit einem Deckgläschen zugedeckt und vorsichtig gequetscht, indem man mit einem Bleistift oder einem ähnlichen Instrument leicht auf das Deckgläschen klopft. An Schnittpräparaten können neben Sporen auch andere Zellen der Fruchtschicht (Basidien, Schläuche, Paraphysen, Cystiden usw.) betrachtet werden.

1 Kahler oder Empfindlicher Krempling Giftig

Paxillus involutus (Batsch) Fr.

Hut: 6–12(–15) cm, rotbraun, braungelb, olivbraun, anfangs flach gewölbt und am stark eingerollten Rand filzig, später flach ausgebreitet bis trichterig, kahl, lederig, meist glänzend, bei Nässe schmierig, an Druckstellen rasch dunkelbraun-fleckig, Rand oft furchig gestreift.

Lamellen: holzgelb, zuletzt schmutzigbraun, dichtstehend, am Stiel herablaufend und dort meist queraderig (netzig) verbunden, auf Druck dunkelbraun verfärbend, leicht vom Hutfleisch ablösbar.

Stiel: dem Hut gleichfarben oder etwas heller, glatt, voll.

Fleisch: holzgelblich, bräunlich anlaufend, mit säuerlichem Geruch.

Sporen: elliptisch, 8–10/4,5–6 µm. Staub rostbraun.

Vorkommen: Juli–November. In Wäldern, Anlagen und Gärten.

Galt früher als eßbar. Nach neueren Erkenntnissen führt wiederholter Genuß des Pilzes zu einer Nahrungsmittelallergie, die in schweren Fällen tödlich verlaufen kann.

2 Samtfußkrempling Ungenießbar

Paxillus atrotomentosus (Batsch) Fr.

Hut: 8–20(–30) cm, anfangs gewölbt, rotbraun, samtig-filzig, mit eingerolltem Rand, später flach ausgebreitet mit kahler, lederiger, rissiger Huthaut. Der dickfleischige, muschelförmige Hut ist meist exzentrisch (seitlich) gestielt.

Lamellen: ockergelb, dichtstehend, herablaufend und am Grunde gabelig und queraderig verbunden, leicht vom Hutfleisch ablösbar, bei Berührung fleckend.

Stiel: kurz und gedrungen, oft wurzelartig verlängert, mit schwarzbraunem Samtfilz überzogen.

Fleisch: gelblichweiß bis bräunlich, weich, stark wasserhaltig. Geruch säuerlich, Geschmack widerlich, leicht bitter.

Sporen: rundlich-elliptisch, 5–6/4 µm. Staub lehmfarbig.

Vorkommen: August–November. Auf morschen Wurzeln und Strünken.

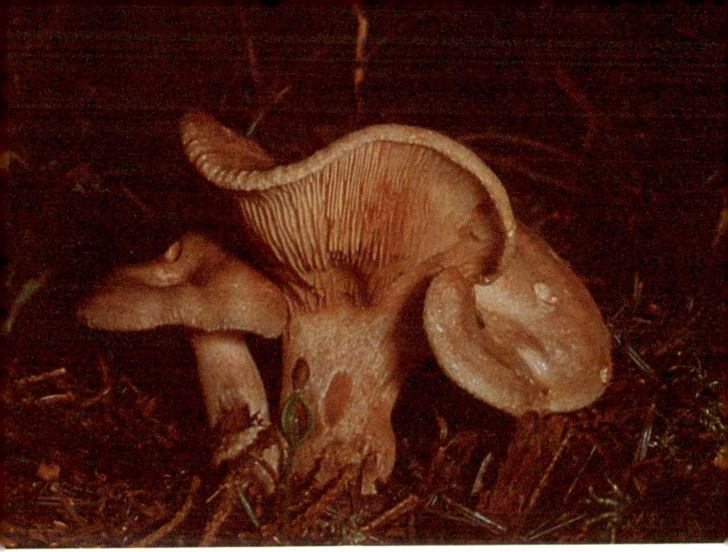

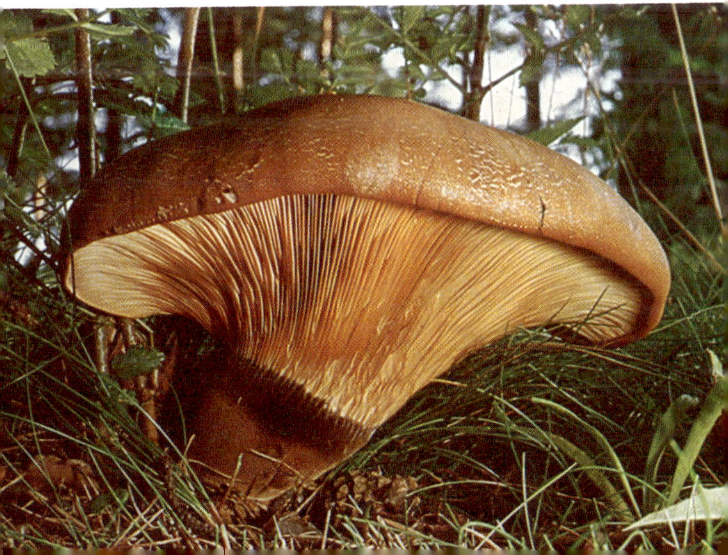

3 Großer Schmierling, Gelbfuß, Kuhmaul   Eßbar
Gomphidius glutinosus (Schff.) Fr.

Hut: 5–12 cm, anfangs halbkugelig, später flach ausgebreitet bis vertieft, graubräunlich, oft violettgrau (vor allem am Rand), im Alter schwarzfleckig, mit dicker, glasklarer, abziehbarer Schleimhaut überzogen.
Lamellen: erst weißlich, später grau, zuletzt schwärzlich, dick, weich, entfernt stehend, gegabelt, am Stiel weit bogenförmig herablaufend. Bei jungen Pilzen sind die Lamellen von einer durchsichtigen Schleimhaut eingeschlossen.
Stiel: weißlich, später graubräunlich, am Grunde intensiv gelb, ebenfalls mit dicker Schleimhaut überzogen, am Lamellenansatz meist eingeschnürt, mit undeutlichem, schleimigem Ring.
Fleisch: weiß, in der Stielbasis auffallend gelb, weich.
Sporen: lang-elliptisch, 18–22/5–7,5 µm. Staub schwarz.
Vorkommen: Juli–Oktober, truppweise in Nadelwäldern.
Wert: in jungem Zustand guter Speisepilz, aber wenig haltbar. Die Schleimschicht bereits im Wald entfernen.

4 Größter oder Scharlachroter Saftling   Eßbar
Hygrocybe punicea (Fr.) Kummer

Hut: 5–12 cm, scharlachrot, orangerot, im Alter gelblich ausblassend, klebrigglänzend, anfangs glockig, später ausgebreitet, geschweift, dünnfleischig.
Lamellen: blaßgelb bis orangerot, dick, entfernt stehend.
Stiel: rot oder gelb, mit weißer Basis, faserig, im Alter hohl, zerbrechlich.
Fleisch: weißlich bis gelblich, saftig, starr.
Sporen: elliptisch, 8–11/5–6 µm. Staub weiß.
Vorkommen: August–Oktober. Auf Wiesen, Waldlichtungen und Heiden.
Wert: wohlschmeckend, besonders als Suppenpilz geeignet.

Man kennt etwa 30 verschiedene Saftlinge. Die meisten sind klein und mit wenig Ausnahmen lebhaft gefärbt (gelb, orange, rot, rosa, grün). Alle Saftlinge sind ungiftig.

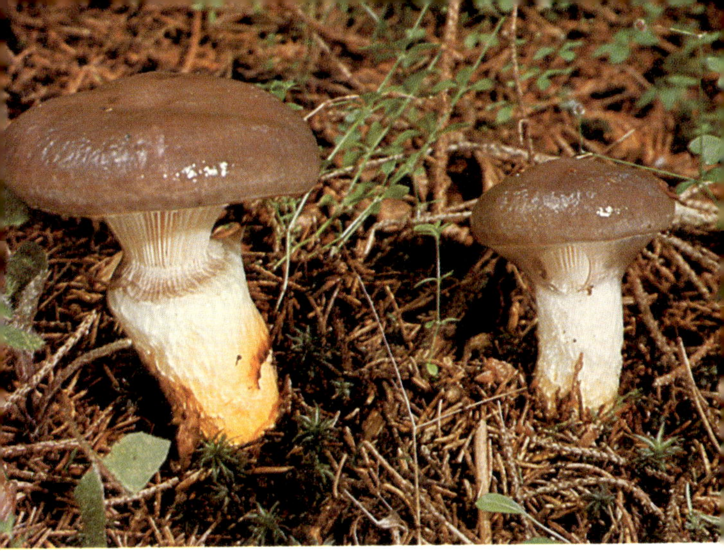

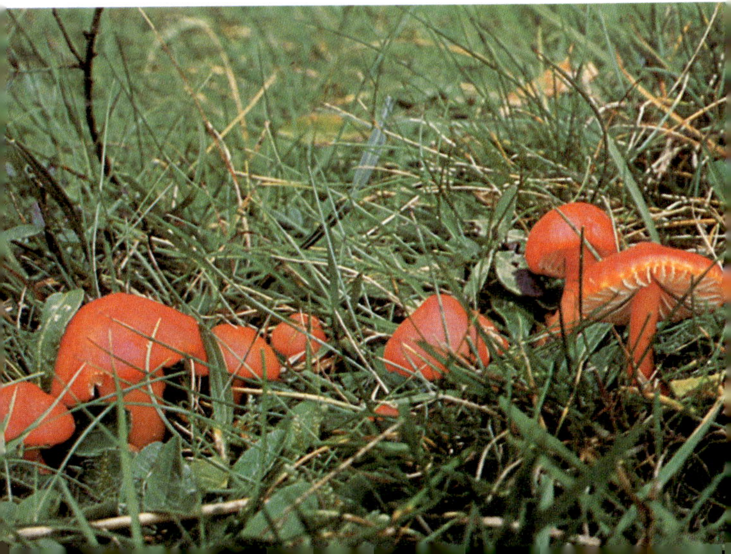

5 Märzschneckling, Märzellerling   Eßbar
Hygrophorus marzuolus (Fr.) Bres.

Hut: 4–10 cm, zuerst weiß, dann graufleckig und schließlich grau bis schwarzgrau werdend, trocken, glanzlos, zuerst gewölbt, später ausgebreitet, oft verbogen, dickfleischig.
Lamellen: weißlich bis blaßgrau, dick, wachsartig, kurz herablaufend.
Stiel: weiß bis blaßgrau, kurz und dick.
Fleisch: weiß, von der Huthaut aus grau anlaufend.
Sporen: elliptisch, 7–9/4–5 µm. Staub weiß.
Vorkommen: März–April, nach milden Wintern schon im Februar, in Gebirgswäldern bis Mai, vor allem in Mischwäldern aus Weißtannen und Buchen, gesellig, im Moos oder unter dem Laub verborgen, daher schwer zu finden.
Wert: hervorragender, gut haltbarer Speisepilz.

6 Orange-Schneckling   Ungenießbar
Hygrophorus pudorinus (Fr.) Fr.

Hut: 5–10(–15) cm, orangerosa bis orangefuchsig, Rand heller, zuerst halbkugelig und schleimig, später fast flach und trocken, dickfleischig.
Lamellen: weiß mit lachsrosa Schimmer, gerade angewachsen.
Stiel: weiß bis blaßorange, an der Spitze schuppig-kleiig. Basis zugespitzt, oft gelbfleckig.
Fleisch: im Stiel weiß, im Hut zartorange, mit harzigem Geschmack.
Sporen: elliptisch, 8–10/5–6 µm. Staub weiß.
Vorkommen: September–November, im Nadelwald, sehr häufig.

Ähnlich ist der eßbare, seltene, isabellfarbige Schneckling, *Hygrophorus poetarum Heim.* Er wächst im Buchenwald, ist heller gefärbt und hat kleinere Sporen.

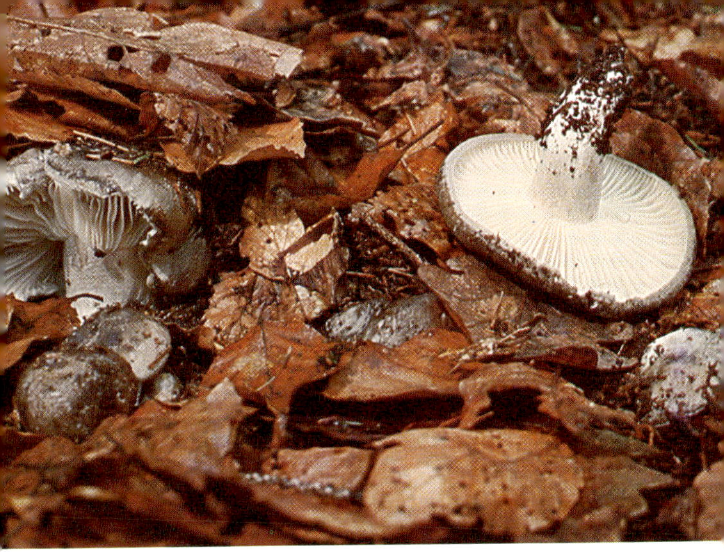

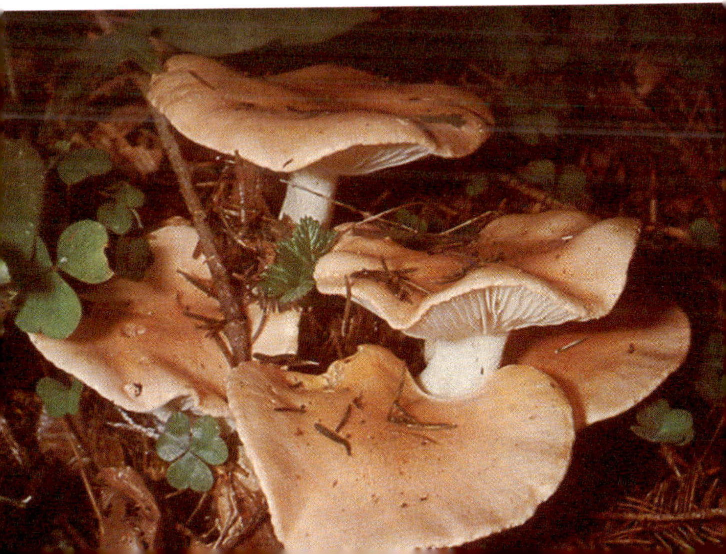

7 Austernseitling Eßbar

Pleurotus ostreatus (Jacq. ex Fr.) Kummer

Hut: 5–15(–30) cm, in der Farbe außerordentlich veränderlich: grau, graubraun, schwarzgrau, blaugrau, olivgrau, bisweilen ockerfarbig oder fast weiß. Hutform rund oder halbrund-muschelförmig, glatt und kahl, dickfleischig, weich.

Lamellen: weißlich, am Stiel herablaufend.

Stiel: seitlich oder am Hutrand angesetzt, weiß bis bräunlich, kurz und dick, an der Basis striegelhaarig. Der Stiel kann bisweilen fast ganz fehlen (Fruchtkörper dann konsolenförmig).

Fleisch: weiß, zuerst weich, später zäh.

Sporen: lang-elliptisch, 8–12/3–4 µm. Staub weiß bis blaßlila.

Vorkommen: im Spätherbst, aber auch im Winter und Vorfrühling, an lebendem und totem Laubholz, büschelig bis dachziegelig, oft in großen Kolonien. In Gegenden mit intensiver Forstwirtschaft selten.

Wert: jung eßbar und gut, später zähfleischig.

Der Austernseitling läßt sich relativ leicht züchten. Mit Pilzmycel durchwachsene Strohballen sind heute im Handel erhältlich. Bei guter Feuchthaltung des Substrates kann man über längere Zeit mehrmals von diesen schmackhaften Pilzen ernten.

8 Leuchtender Ölbaumpilz Giftig

Omphalotus olearius (DC. ex Fr.) Sing.

Hut: 7–15 cm, orangegelb, zuerst gewölbt, schließlich flachtrichterig, Rand dünn und anfangs eingerollt.

Lamellen: orangegelb, weit herablaufend.

Stiel: orange-gelbbräunlich.

Fleisch: gelb, im Stiel dunkler.

Sporen: rundlich, 5–7/4–6 µm. Staub gelblichweiß.

Vorkommen: Juli–November. Im Süden an Ölbäumen. Nördlich der Alpen sehr selten, meist auf Eichenholz, büschelig.

Der Pilz hat die merkwürdige Eigenschaft, im Dunkeln schwach gelb zu leuchten (vor allem die Lamellen).

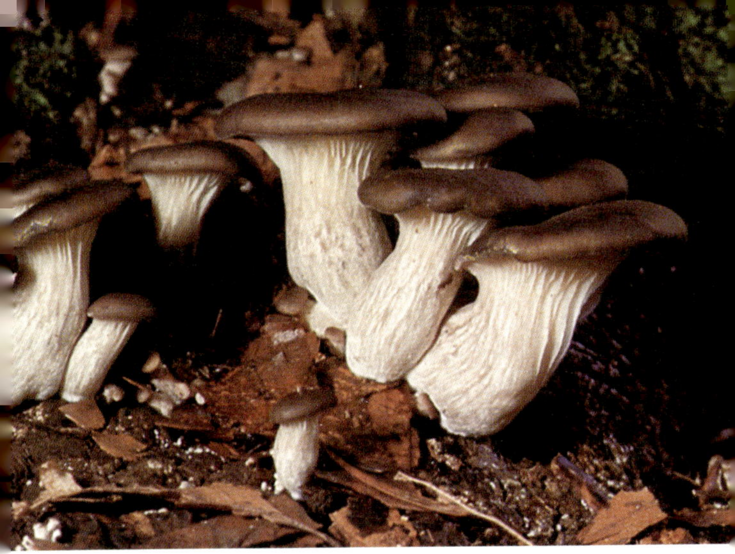

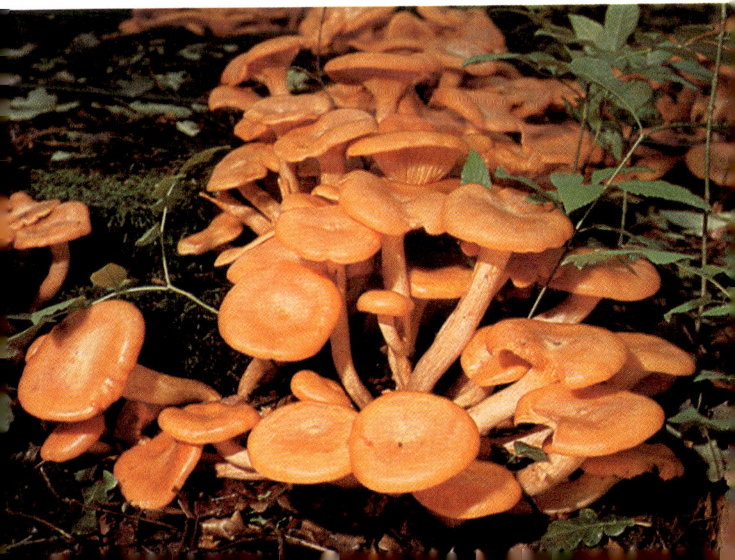

9 Falscher Eierpilz, Orangegelber Gabelblättling Minderwertig
Hygrophoropsis aurantiaca (Wulf. ex Fr.) R. Mre.
Hut: 3–8 cm, orangegelb, bisweilen blaßgelblich, flach gewölbt, später trichterig, samtig-filzig, weich, dünnfleischig.
Lamellen: orangegelb bis orangerot, gegabelt, dünn, herablaufend.
Stiel: hutfarbig, biegsam.
Fleisch: blaß rötlichgelb, schlaff.
Sporen: elliptisch, 5–8/2,5–5 µm. Staub weiß.
Vorkommen: September–November, besonders in Nadelwäldern, häufig.

10 Amethystblauer Lacktrichterling Eßbar
Laccaria amethystina (Bolt. ex Hooker) Murr.
Hut: 2–5 cm, violett, trocken ausblassend, wellig, mit genabelter Hutmitte, dünnfleischig.
Lamellen: violett, entfernt stehend, dick, am Stiel breit angewachsen.
Stiel: violett, lang und dünn, faserig gestreift, voll.
Fleisch: von gleicher oder blasserer Farbe, im Stiel faserig.
Sporen: kugelig, 8–9 µm, stachelig punktiert. Staub blaßlila.
Vorkommen: Juni–November, in Wäldern, häufig.
Wert: als Mischpilz verwendbar, etwas zäh.
Verwechslungsmöglichkeit: Rettich-Helmling (Nr. 31).
Der Rötliche Lacktrichterling, *Laccaria laccata (Scop. ex Fr.) Bk. u. Br.,* ist in Form und Größe gleich, aber in allen Teilen rosa bis fleischrot gefärbt.

11 Kaffeebrauner Trichterling Eßbar
Pseudoclitocybe cyathiformis (Bull. ex Fr.) Sing.
Hut: 4–7 cm, dunkel kaffeebraun, trocken heller, tief trichterförmig, mit lang eingerolltem Rand, glatt.
Lamellen: etwas blasser als der Hut, gegabelt, stark herablaufend und am Stielansatz miteinander verbunden.
Stiel: hoch und schlank, braun, netzig-faserig, Basis weißfilzig.
Fleisch: bräunlich, trocken heller.
Sporen: elliptisch, 8–10/5–6 µm. Staub weiß.
Vorkommen: Oktober–Dezember, im Nadelwald, ziemlich häufig.
Wert: als Mischpilz verwendbar. Zum Trocknen geeignet.

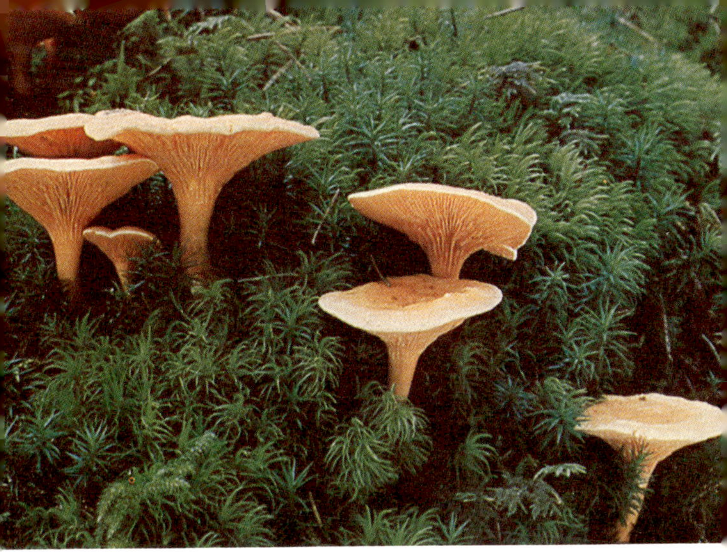

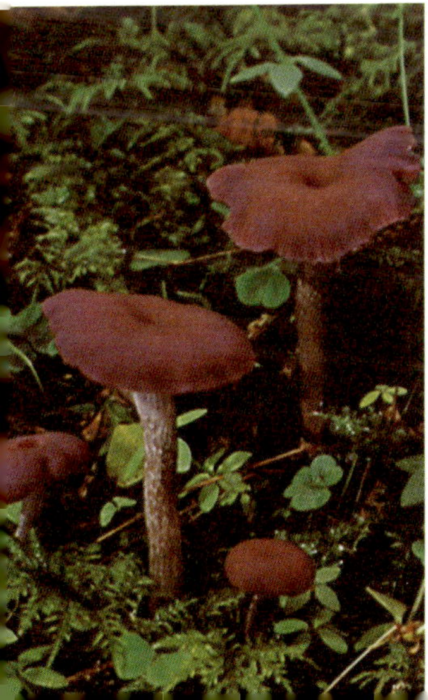

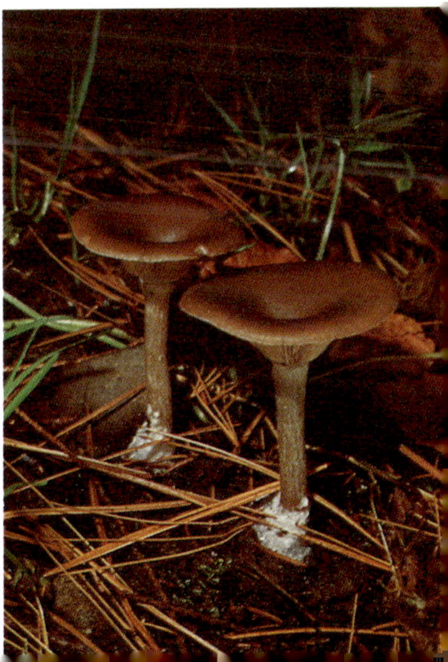

12 Falber Riesentrichterling, Mönchskopf   Eßbar
Clitocybe geotropa (Bull. ex Fr.) Quél.

Hut: 10–20(–30) cm, hell lederfarben oder blaß rötlichockergelb; zuerst im Verhältnis zum Stiel relativ klein, kegelig, mit eingerolltem Rand, später flach ausgebreitet bis flach trichterförmig, flatterig, meist zentral gebuckelt.
Lamellen: weißlich bis blaß lederfarben, weit herablaufend.
Stiel: bis 15 cm hoch, kräftig, gegen die Basis verdickt, etwas heller als der Hut. Basis weißfilzig.
Fleisch: weißlich, mit starkem aromatischem Geruch.
Sporen: fast kugelig, 6–7/5- 6 µm. Staub weiß.
Vorkommen: September–November, gesellig, in Reihen und Ringen in lichten Wäldern, an Waldrändern und auf Waldwiesen, ziemlich häufig.
Wert: jung eßbar, in größeren Mengen nicht immer bekömmlich. Der zähe Stiel ist wegzulassen.

13 Nebelgrauer Trichterling   Eßbar
Clitocybe nebularis (Batsch ex Fr.) Kummer

Hut: 8–15 cm, grau bis bräunlichgrau, oft mit grauweißlichem Reif bedeckt; anfangs gewölbt mit eingerolltem Rand, später verflacht bis flach trichterig, dickfleischig.
Lamellen: weißlich bis blaß ockerfarbig, dichtstehend, kurz herablaufend, vom Hutfleisch ablösbar.
Stiel: kurz und kräftig, unten verdickt, hellgrau, an der Basis weißfilzig, voll.
Fleisch: weiß und fest, später schwammig. Geruch aufdringlich süßlich-würzig.
Sporen: elliptisch, 6–7/3–4 µm. Staub cremefarbig.
Vorkommen: September–November, gesellig, in Reihen und Ringen, in Laub- und Nadelwäldern, sehr häufig, oft massenhaft.
Wert: eßbar, aber nicht immer bekömmlich. Abbrühen anzuraten! Nicht nach jedermanns Geschmack.
Verwechslungsmöglichkeit: Riesenrötling (Nr. 32), stark giftig.

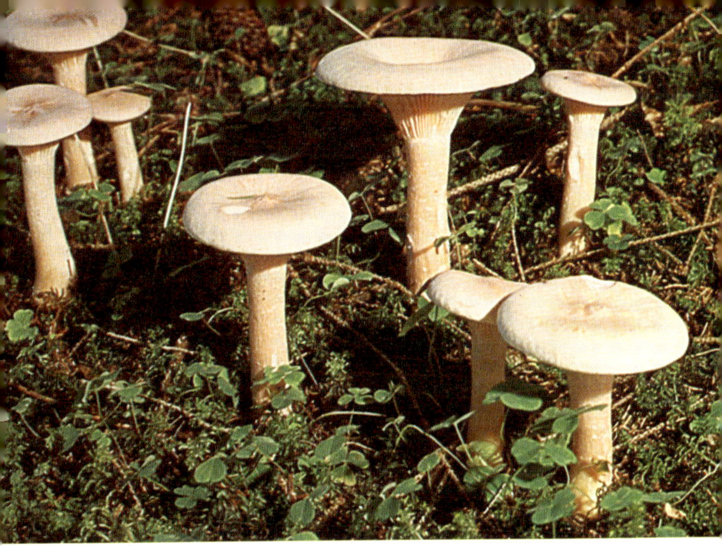

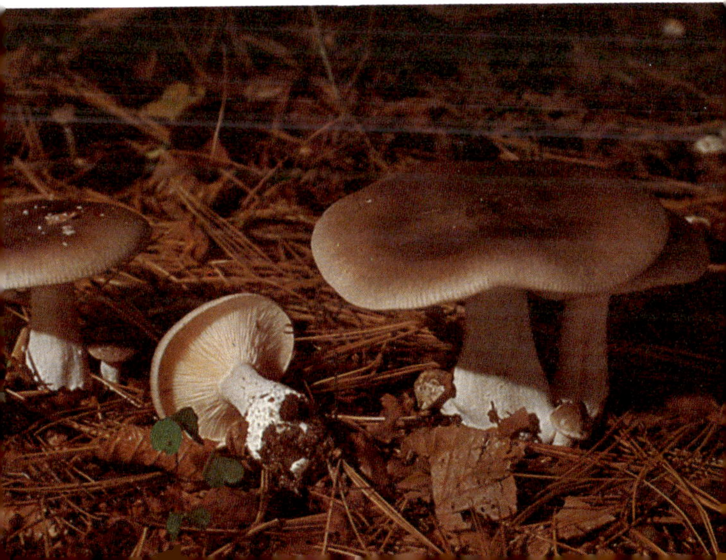

14 Bleiweißer Trichterling   Stark giftig
Clitocybe cerussata (Fr.) Kummer
Hut: 5–8 cm, weiß bis gelblichweiß, bisweilen braunfleckig, mit weißem Reif bedeckt, flach gewölbt bis trichterig.
Lamellen: weiß, nur wenig herablaufend.
Stiel: weiß.
Fleisch: weiß, wäßrig, geruchlos.
Sporen: fast kugelig, 4–5/3–4 µm. Staub blaß cremerötlich.
Vorkommen: Oktober–Dezember. Im Nadel- und Laubwald, gesellig.

Es gibt mehrere Arten von weißen, kleinen bis mittelgroßen Trichterlingen. Erwähnt sei noch der ähnliche Feldtrichterling, *Clitocybe dealbata (Sow. ex Fr.) Kummer*, der ebenfalls stark giftig ist.

15 Mairitterling, Georgsritterling   Eßbar
Calocybe gambosa (Fr.) Donk
Hut: 5–12 cm, weiß bis hell ockergelblich, anfangs halbkugelig mit eingerolltem Rand, dann gewölbt bis ausgebreitet, oft verbogen.
Lamellen: weiß, sehr dicht stehend, am Stiel meist ausgebuchtet.
Stiel: hutfarbig, meist dick und gedrungen, voll.
Fleisch: weiß, fest, mit starkem Mehlgeruch.
Sporen: elliptisch, 4–6/2–3,5 µm. Staub weiß.
Vorkommen: Ende April–Mitte Juni. In Laubwäldern und auf Wiesen, bildet Hexenringe.
Wert: hervorragender Speisepilz.
Verwechslungsmöglichkeiten: Man achte auf die frühe Erscheinungszeit, dann sind Verwechslungen mit giftigen weißen Trichterlingen (Nr. 14) ausgeschlossen. Der stark giftige Ziegelrote Rißpilz (Nr. 61) erscheint ebenfalls früh und ist jung weiß, riecht aber nicht nach Mehl. Verwechslungen sind auch mit dem stark giftigen Riesenrötling (Nr. 32) möglich.

16 Purpurfilziger Holzritterling   Bedingt eßbar
Tricholomopsis rutilans (Schff. ex Fr.) Sing.
Hut: 5–12 cm, gewölbt, mit dunkel purpurroter Filzschicht bedeckt, die
später aufreißt, so daß die chromgelbe Grundfarbe des Hutes sichtbar
wird (vor allem am Rande).
Lamellen: schwefelgelb bis goldgelb.
Stiel: auf gelbem Grund rötlich-filzig.
Fleisch: gelblich, oft mit moderigem Geruch.
Sporen: elliptisch, 7–8/5–6 µm. Staub weiß.
Vorkommen: Juli–November. Auf morschen Nadelholzstümpfen, einzeln
oder büschelig, ziemlich häufig.
Wert: jung nach Abbrühen als Mischpilz verwertbar, aber kaum schmack-
haft.

17 Bärtiger Ritterling   Ungenießbar
Tricholoma vaccinum (Pers. ex Fr.) Kummer
Hut: 4–7 cm, rotbraun, abstehend schuppig, mit zottigem Rand, der
anfänglich stark eingerollt und durch einen fädigen Schleier mit dem Stiel
verbunden ist.
Lamellen: erst weiß, dann fleischbräunlich, ausgebuchtet.
Stiel: etwas heller als der Hut, mit blasser Spitze, faserschuppig, hohl.
Fleisch: weiß, bräunlich anlaufend, schwach bitter.
Sporen: fast kugelig, 4–5,5/4 µm. Staub weiß.
Vorkommen: Juli–Oktober. In Nadelwäldern.

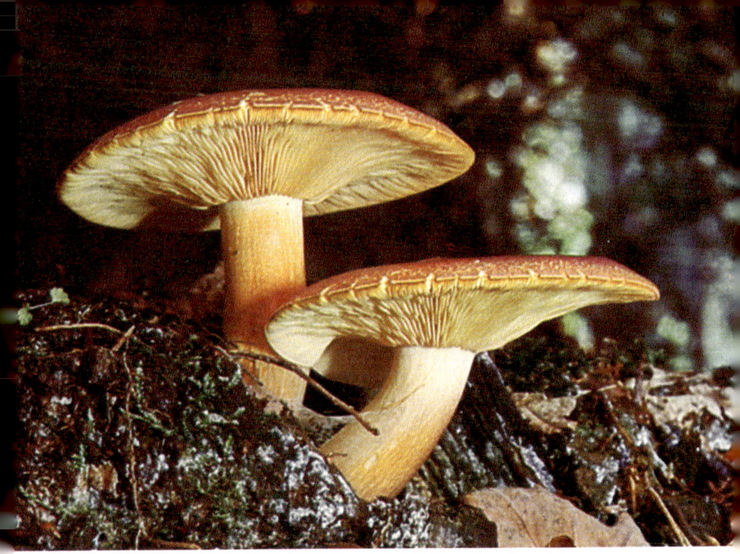

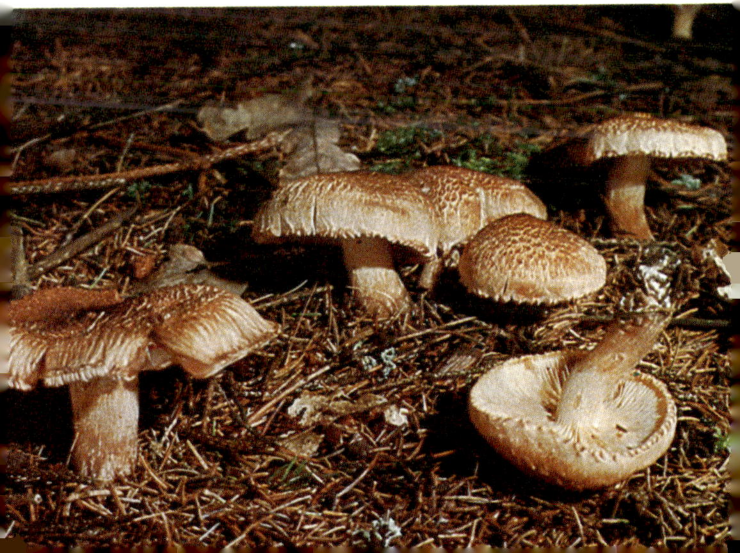

18 Tigerritterling   Giftig

Tricholoma pardinum Quél.

Hut: 5–12 cm, auf hell silbergrauem (violettgrauem) Grund mit dunkleren, braungrauen, dachziegeligen Schuppen besetzt, Mitte dunkler. Anfänglich glockig, mit eingerolltem Rand, später ausgebreitet, unregelmäßig verbogen, nur in der Mitte dickfleischig.

Lamellen: schmutzigweiß, mit oft grünlichgelber Tönung, am Stiel ausgebuchtet, bisweilen mit Tränen an den Lamellenschneiden.

Stiel: bis 3 cm dick, mit leicht knolliger oder keuliger Basis, weißlich, oft mit Wasserperlen an der Stielspitze.

Fleisch: weißlich, unter der Huthaut grau, mild, mit Mehlgeruch.

Sporen: kurz-elliptisch, 8–10/6–7 µm. Staub weiß.

Vorkommen: August–Oktober. Meist im Buchenwald auf Kalkboden, in der Schweiz stellenweise häufig, in Deutschland seltener.

Dieser Pilz steht in der Statistik über Pilzvergiftungen in der Schweiz an erster Stelle. Er wird mit dem Erdritterling (Nr. 19) und anderen faserig-schuppigen Ritterlingen verwechselt und verursacht schwere Magen-Darm-Störungen.

19 Graublättriger Erdritterling   Eßbar

Tricholoma terreum (Schff. ex Fr.) Kummer

Hut: 4–8 cm, mausgrau bis braungrau, fein faserig geschuppt, anfänglich kegelig bis glockig, später ausgebreitet, meist mit flachem Buckel, dünnfleischig, trocken.

Lamellen: anfangs weißlich, später grau, mit unregelmäßig gekerbter Schneide, am Stiel ausgebuchtet und zahnartig herablaufend.

Stiel: weiß bis blaßgrau, glänzend, an der Spitze kleiig, zuletzt hohl.

Fleisch: weiß bis blaßgrau, mit mildem Geschmack, geruchlos.

Sporen: breit-elliptisch, 5–7/4–5 µm. Staub weiß.

Vorkommen: August–November. In Nadelwäldern, gesellig.

Wert: als Mischpilz verwendbar.

Verwechslungsmöglichkeit: Der Anfänger meide wegen des giftigen Tigerritterlings (Nr. 18) am besten alle grauen Ritterlinge.

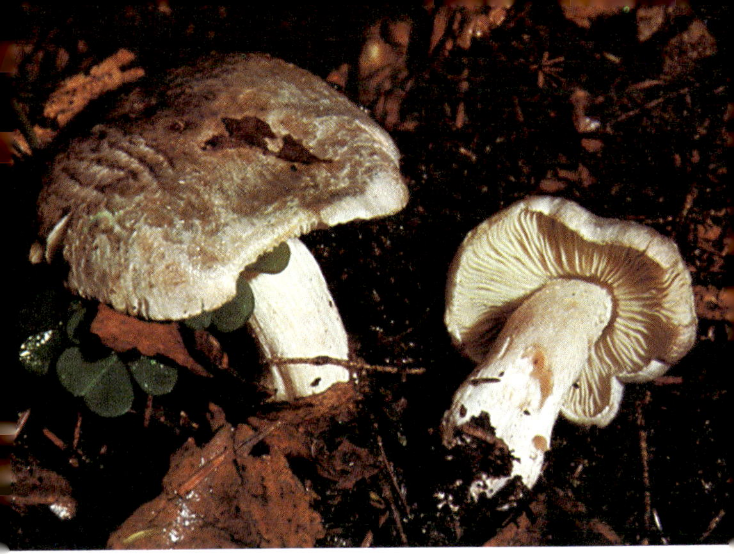

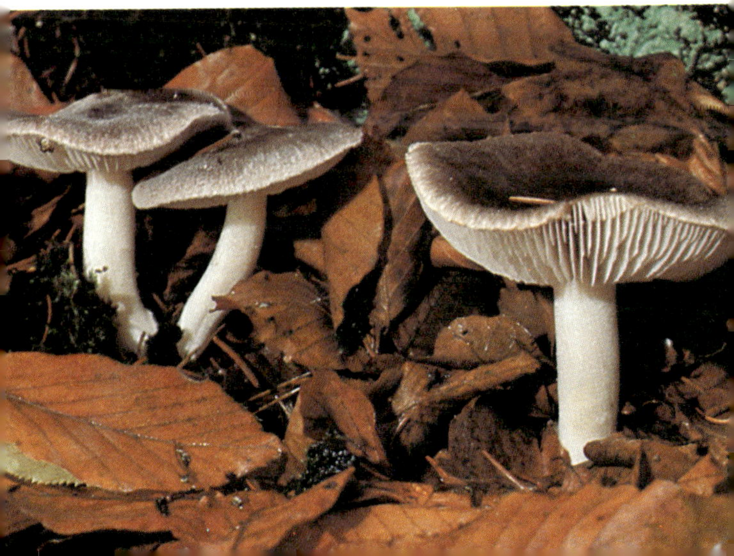

20 Seifenritterling
Ungenießbar

Tricholoma saponaceum (Fr.) Kummer

Hut: 5–12 cm, in der Farbe sehr veränderlich: blaßgrau, grau bis graubraun, olivgrau, blaugrau, schwarzgrau, meist glatt, zuweilen aber fein schuppig, oft mit rötlichen Flecken. Anfänglich glockig-gewölbt, später ausgebreitet mit dünnem, meist verbogenem Rand.

Lamellen: schmutzigweiß, oft mit grünlichem oder rötlichem Ton, entfernt stehend, dick, am Stiel ausgebuchtet.

Stiel: ähnlich wie der Hut gefärbt, aber heller, oft rotfleckig.

Fleisch: weiß, langsam rötlich anlaufend (vor allem in der Stielbasis), mit unangenehmem Waschküchengeruch.

Sporen: elliptisch, 5–6/3,5–4 µm. Staub weiß.

Vorkommen: September–November. Im Laub- und Nadelwald.

21 Schwefelritterling (Krötenritterling)
Schwach giftig

Tricholoma sulphureum (Bull. ex Fr.) Kummer
Tricholoma bufonium (Pers. ex Fr.) Gill.

Hut: 3–8 cm, schwefelgelb, später mit braunfuchsiger Mitte (beim abgebildeten sog. Krötenritterling Hut purpurviolettbraun mit hellerem Rand); erst halbkugelig, dann ausgebreitet, flach gebuckelt, trocken.

Lamellen: schwefelgelb, entfernt stehend, dick, ausgebuchtet.

Stiel: schwefelgelb, mit später bräunenden Fasern, schlank.

Fleisch: schwefelgelb, grünlichgelb, mit ekelhaftem Gasgeruch.

Sporen: elliptisch, 9–12/5–6 µm. Staub weiß.

Vorkommen: August–Oktober. Im Laub- und Mischwald.

Ähnlich ist der Echte Ritterling oder Grünling, *Tricholoma flavovirens (Pers. ex Fr.) Lund.* Dieser hervorragende Speisepilz ist etwas größer, kräftiger gebaut, olivgelb gefärbt, schmierig und riecht schwach mehlartig. Er kommt vor allem in den sandigen Kiefernwäldern Nord- und Ostdeutschlands vor. In der Schweiz wird er selten gefunden.

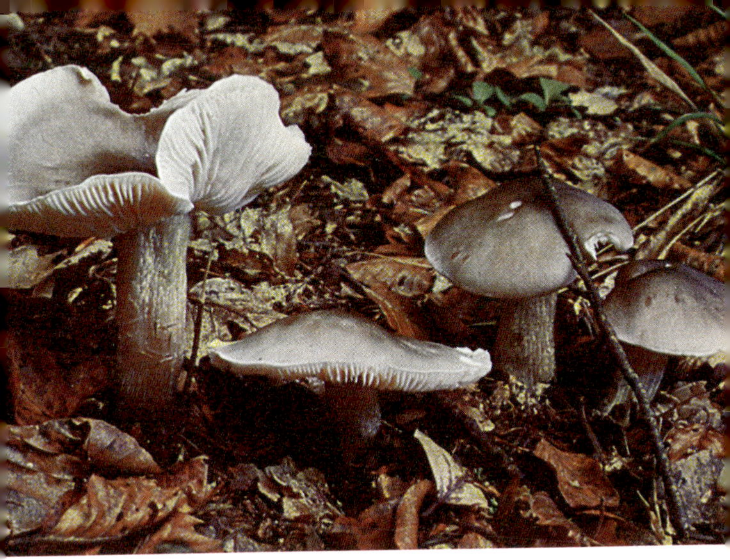

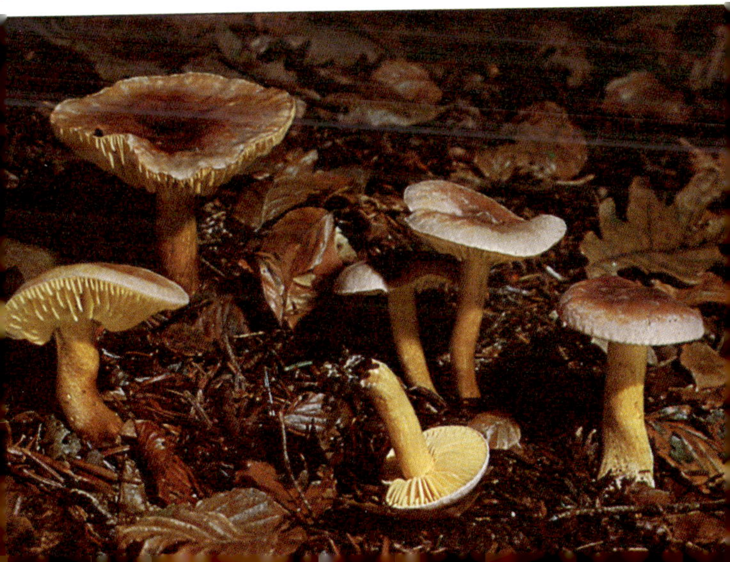

22 Veilchenritterling   Eßbar

Tricholoma irinum (Fr.) Kummer

Hut: 5–12 cm, blaß-schmutzigrötlich, Scheitel blaßbräunlich, erst bereift, dann kahl, glanzlos; jung glockig mit eingeschlagenem Rand, später gewölbt bis verflacht mit schwachem, breitem Buckel. Rand bisweilen gerippt.

Lamellen: ähnlich wie der Hut gefärbt, ziemlich gedrängt, ausgebuchtet.

Stiel: hutfarbig, faserig, unten verdickt und weiß-filzig.

Fleisch: weißlich, oft wäßrig durchzogen, mit angenehmem aromatischem Geruch und kräftigem, oft aufdringlichem Geschmack.

Sporen: elliptisch, 6–7/2,5–4 μm, glatt. Staub blaßrötlich.

Vorkommen: September–November. In lichten Wäldern und Auwäldern, meist in Reihen und Hexenringen.

Wert: guter Speisepilz, wegen des etwas aufdringlichen Geschmacks sollte er abgebrüht werden.

Verwechslungsmöglichkeit: Riesenrötling (Nr. 32), stark giftig.

23 Nackter oder Violetter Rötelritterling   Eßbar

Lepista nuda (Bull. ex Fr.) Cooke

Hut: 5–15 cm, jung blauviolett, später von der Mitte aus bräunlich verfärbend und ausblassend, in durchnäßtem Zustand dunkler gefärbt. Anfangs glockig gewölbt mit eingeschlagenem, scharfem Rand, schließlich flach ausgebreitet bis vertieft.

Lamellen: blauviolett, alt bräunlichlila, gedrängt, am Stiel abgerundet, leicht vom Hutfleisch ablösbar.

Stiel: blauviolett, faserig, mit verdickter lila-filziger Basis.

Fleisch: lilaviolett, später ausblassend, mit aromatischem Geruch.

Sporen: elliptisch, 6–8/4–5 μm, rauh. Staub rosa.

Vorkommen: September–November, selten auch im Frühjahr. In Laub- und Nadelwäldern, in Reihen und Ringen, häufig.

Wert: guter, beliebter, sehr madenanfälliger Speisepilz.

Verwechslungsmöglichkeiten: verschiedene violette, völlig harmlose Haarschleierlinge, die an ihren im Alter rost- bis zimtbraunen Lamellen erkennbar sind.

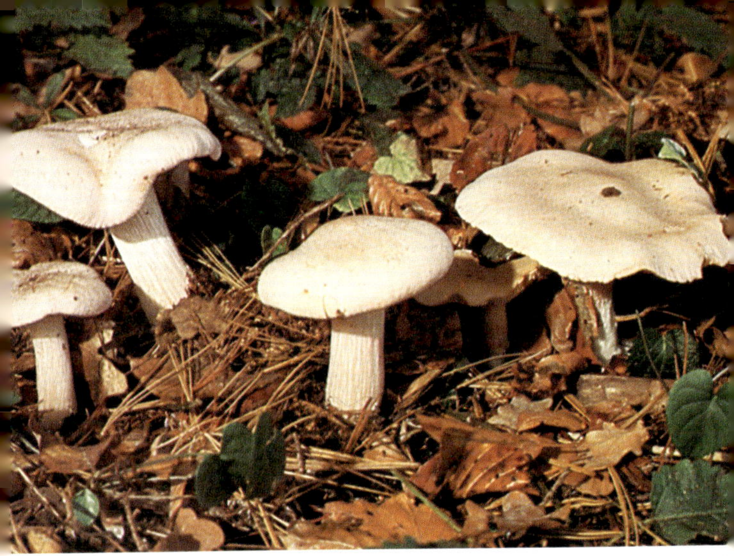

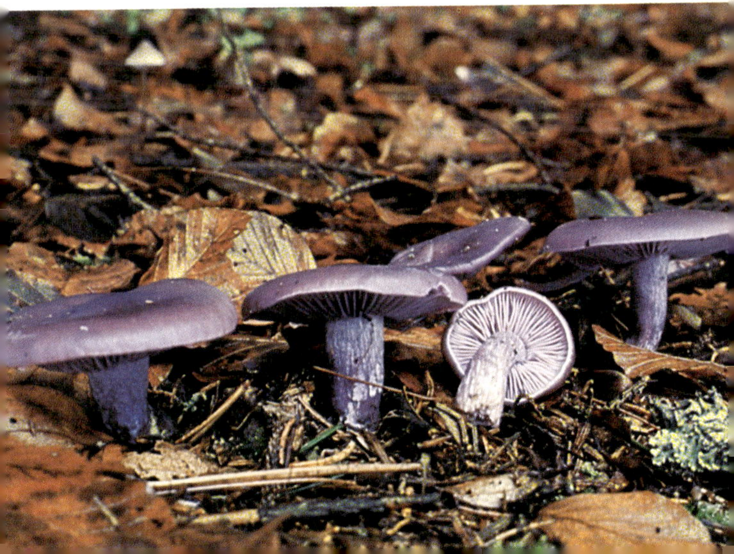

24 Hallimasch   Eßbar
Armillariella mellea (Vahl ex Fr.) Karst.

Hut: 5–10(–15) cm, in der Farbe stark variierend, meist honig-gelbbraun, aber auch rotbraun, olivfarbig oder gelblich, mit feinen schwarzbraunen, vergänglichen Schüppchen besetzt (vor allem in der Hutmitte); jung kugelig geschlossen, später gewölbt, mit eingebogenem Rand, schließlich flach, dünnfleischig.

Lamellen: schmutzigweiß, später bräunlich, entfernt stehend, am Stiel angewachsen und kurz strichförmig herablaufend.

Stiel: hoch und schlank, bräunlich, oft flockig, zäh. Basis verdickt und oft gelblich. Mit weißlichem, bisweilen gelb oder olivgelb gesäumtem, häutig-flockigem Ring.

Fleisch: weißlich, mit unangenehmem, zusammenziehendem Geschmack.

Sporen: elliptisch, 7–9/5–6 μm. Staub weiß.

Vorkommen: September–November. Büschelig an Nadel- und Laubholzstümpfen und unterirdischen Wurzeln, auch an lebenden Bäumen (gefährlicher Forstschädling), meist massenhaft auftretend.

Wert: ausgiebiger Speisepilz, roh giftig, muß daher gut durchgekocht werden. Abbrühen ist zu empfehlen, da manche Personen den Pilz auch gekocht nicht vertragen. Nur junge Hüte mit weißen Lamellen verwenden. Stiele weglassen.

Verwechslungsmöglichkeit: Sparriger Schüppling (Nr. 59), ungenießbar.

25 Aniszähling   Jung eßbar
Lentinellus cochleatus (Pers. ex Fr.) Karst.

Hut: 4–7 cm, rötlichbraun bis ledergelb, trichterförmig, oft halbiert und tütenförmig zusammengerollt, mit welligem Rand.

Lamellen: weißlich bis rötlichgelb, herablaufend, Schneide gekerbt.

Stiel: hutfarbig, längsfurchig, meist seitlich ansitzend.

Fleisch: weiß, jung weich, alt zäh, mit Anisgeruch.

Sporen: fast kugelig, 4–6 μm. Staub weiß.

Vorkommen: Juli–Oktober. Büschelig auf Laubholz.

Wert: jung eßbar. Zur Herstellung von Pilzpulver verwertbar.

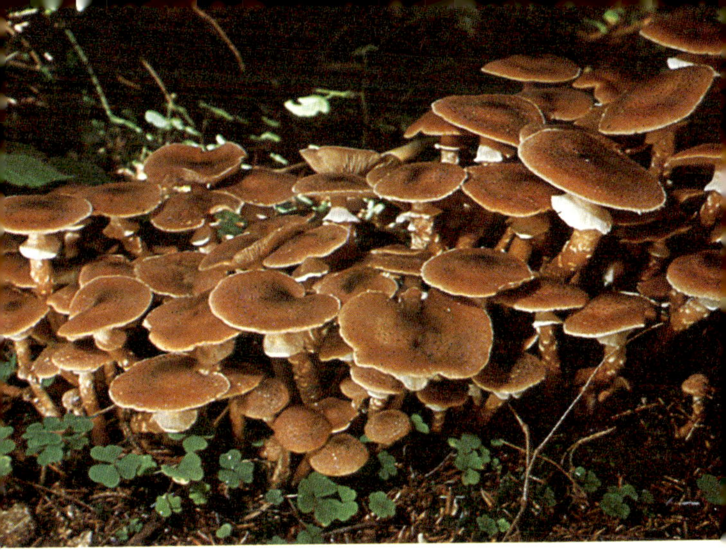

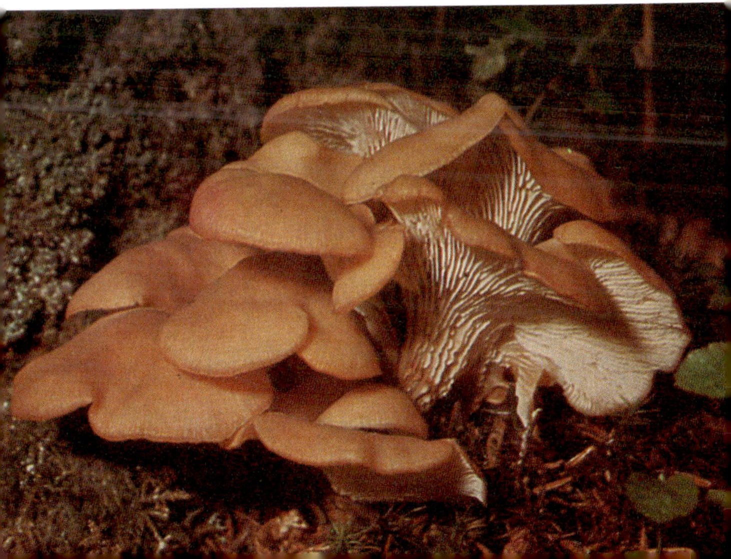

26 Grubiger Schleimrübling, Wurzelrübling Eßbar
Oudemansiella radicata (Relhan ex Fr.) Sing.

Hut: 3–10 cm, ockergelblich bis braun, gewölbt bis ausgebreitet, runzelig gefurcht, bei Nässe schmierig.
Lamellen: weißlich, entfernt stehend, breit.
Stiel: 10–20 cm hoch, schlank, blaß, zäh. Basis wurzelartig verlängert.
Fleisch: weiß, im Hut sehr dünn, fast geruchlos.
Sporen: breit-elliptisch, groß, 13–16/10–11 µm. Staub weiß.
Vorkommen: Juni–Oktober. Im Buchenwald.
Wert: die Hüte sind eßbar, aber geringwertig.

27 Buchen-Ringrübling Kulinarisch bedeutungslos
Oudemansiella mucida (Schrad. ex Fr.) Hoehn.

Hut: 3–10 cm, durchscheinend weiß, halbkugelig bis flach ausgebreitet, runzelig, oft gerieft, stark schleimig.
Lamellen: weiß, entfernt stehend, weich.
Stiel: weiß, schlank, oft gekrümmt, zäh, an der verdickten Basis dunkler, mit abstehendem, später hängendem Ring.
Fleisch: weiß, weich, geruchlos, im Hut sehr dünn.
Sporen: breit-elliptisch, groß, 14–18/12–16 µm. Staub weiß.
Vorkommen: August-November. An toten und kranken Buchenstämmen.

28 Breitblättriger Samtrübling Eßbar
Oudemansiella platyphylla (Pers. ex Fr.) Moser

Hut: 7–12(–18) cm, graubraun, eingewachsen faserig, erst glockig, später ausgebreitet bis niedergedrückt, Rand oft eingerissen.
Lamellen: weiß, weitstehend, dick, breit, mit gekerbter Schneide.
Stiel: weiß bis blaßgrau, im Alter hohl werdend, an der Basis mit weißen Mycelsträngen.
Fleisch: weiß, geruchlos, mild.
Sporen: fast kugelig, 7–8/6–7 µm. Staub weiß.
Vorkommen: Mai–September. An morschem Laub- und Nadelholz.
Wert: Die Hüte sind in Mischgerichten verwertbar, jedoch etwas zäh und leicht bitter.

29 Samtfußrübling, Winterrübling   Eßbar

Flammulina velutipes (Curt. ex Fr.) Sing.

Hut: 3–6(–10) cm, honiggelb, rostgelb, glatt, schmierigglänzend, zuerst halbkugelig, später ausgebreitet.

Lamellen: blaß ockerlich, entfernt, in drei verschiedenen Längen.

Stiel: anfänglich gelblich bis hutfarbig, später braunschwarz-samtig werdend, an der Spitze heller, alt hohl.

Fleisch: weiß bis blaßgelblich, fast geruchlos.

Sporen: elliptisch, 8–9/4,5–6 μm. Staub weißlich.

Vorkommen: im Winter, an Laubholz, besonders an Weiden.

Wert: ohne die zähen Stiele eßbar.

30 Fichtenzapfenrübling   Eßbar

Strobilurus esculentus (Wulf. ex Fr.) Sing.

Hut: 1–3 cm, graubraun bis dunkelbraun, flachglockig.

Lamellen: weiß bis grau, ziemlich gedrängt.

Stiel: ockerbraun, dünn und relativ lang, Stielbasis zottig.

Sporen: elliptisch, 5–7,5/3–4 μm. Staub weiß.

Vorkommen: März–Mai, auf vergrabenen oder auf dem Waldboden liegenden Fichtenzapfen (auf Kiefernzapfen zwei andere Arten).

Wert: eßbar und gut, aber wenig ergiebig.

31 Rettichhelmling   Kulinarisch bedeutungslos

Mycena pura (Pers. ex Fr.) Kummer

Hut: 2–5 cm, rosa bis blaßviolett, glockig, später flach mit stumpfem Buckel, dünnfleischig. Rand gerieft.

Lamellen: lilarosa, ausblassend, ziemlich entfernt.

Stiel: hutfarbig, zuerst voll, später röhrig. Basis striegelig.

Fleisch: wäßrig, mit starkem Rettichgeruch.

Sporen: elliptisch-birnenförmig, 5–8,5/2,5–4 μm. Staub weiß.

Vorkommen: Juli–November. Im Laub- und Nadelwald, häufig.

Die Gattung Helmling (Mycena) umfaßt rund hundert meist schwer bestimmbare Arten. Die Helmlinge sind klein (oft nur wenige Millimeter groß) und besitzen meist einen glockigen, durchscheinend gerieften Hut.

32   Riesenrötling   Stark giftig

Rhodophyllus sinuatus (Bull. ex Fr.) Sing.

Hut: 6–15(–20) cm, elfenbeinweiß, lederockerlich bis graubräunlich, zuerst gewölbt, dann ausgebreitet mit verbogenem Rand, stumpf gebuckelt,
glatt, seidenglänzend, dickfleischig.

Lamellen: zuerst blaßgelblich, später fleischrötlich, ziemlich entfernt
stehend, breit angewachsen, nicht herablaufend.

Stiel: derb, weißlich mit faseriger Rinde, an der Spitze bereift, an der
Basis meist verdickt und weißfilzig, alt hohl.

Fleisch: weiß, teils nach Mehl, teils widerlich ranzig riechend.

Sporen: fünf- bis sechseckig, 8–10/7–8,5 µm. Staub fleischrötlich.

Vorkommen: Mai–September. Im Laubwald und auf Waldwiesen, bevorzugt lehmige Böden, ortshäufig.

Der Riesenrötling gehört zu den wichtigsten Giftpilzen. Er führt vor allem in der
Schweiz und in Frankreich häufig zu Vergiftungen. Das Gift wirkt auf die Verdauungs-
organe. Die Krankheitserscheinungen sind äußerst heftig. Trotzdem sind Todesfälle relativ selten. Verwechselbar ist der Riesenrötling mit dem Nebelgrauen
Trichterling (Nr. 13), dem Mairitterling (Nr. 15), dem Veilchenritterling (Nr. 22) und
wegen seiner rötlichen Lamellen mit hellhütigen Champignonarten (Nrn. 48, 49).

33   Rehbrauner Dachpilz   Eßbar

Pluteus atricapillus (Secr.) Sing.

Hut: 5–12(–15) cm, braun bis dunkelbraun, eingewachsen faserig, seidenglänzend, anfangs kegelig-glockig, dann verflacht, schwach gebuckelt,
bisweilen wellig-runzlig. Rand oft weiß.

Lamellen: weiß bis rosa, breit, bauchig, den Stiel nicht berührend.

Stiel: weiß mit braunen, angedrückten Längsfasern, schlank, voll.

Fleisch: weiß, ohne oder mit schwach erdigem Geruch.

Sporen: kurz-elliptisch, 7–9/5–6 µm. Staub rosabräunlich.

Vorkommen: April–November. An Laubholz, einzeln oder zu wenigen.

Wert: als Mischpilz verwendbar.

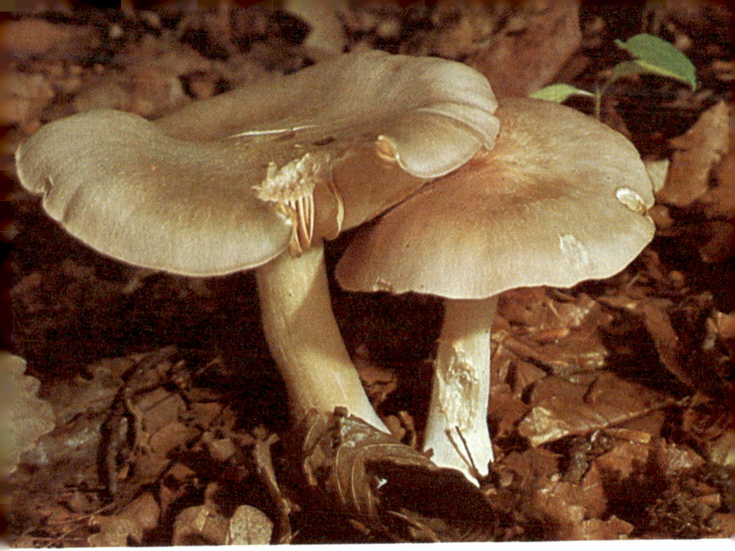

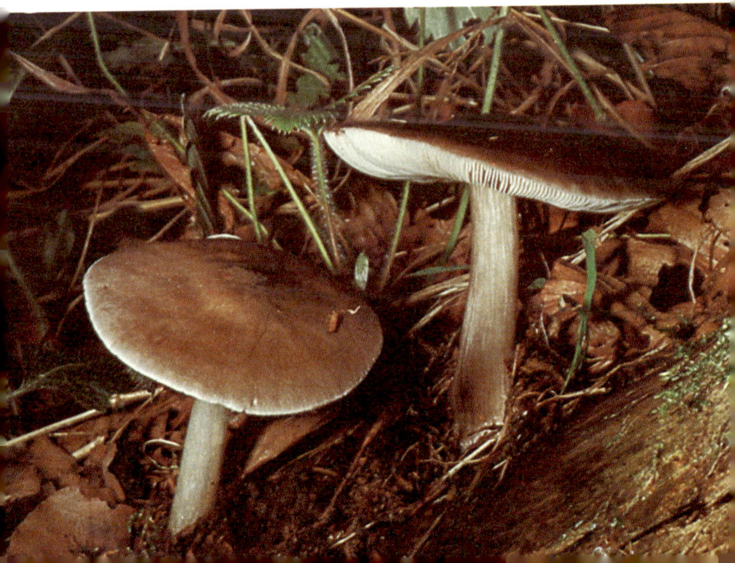

34 Gelbbräunlicher Scheidenstreifling   Eßbar

Amanita fulva (Schff.) Pers.

Hut: 5–9 cm, gelbbraun, orangebraun bis rotbraun mit dunkler gefärbter Mitte, jung eiförmig, von einer blaßbräunlichen Hüllhaut umschlossen, später kegelig, zuletzt flach ausgebreitet. Rand heller und gleichmäßig kammförmig gerieft. Oberfläche glatt, glänzend, bei Nässe etwas klebrig.

Lamellen: weiß, weich, freistehend.

Stiel: weißlich bis blaßbräunlich, hoch und schlank, hohl, zerbrechlich. Stielbasis in blaßbräunlicher, schlapper, zerrissener Scheide steckend; ohne Manschette.

Fleisch: weiß, geruchlos, im Hut dünn.

Sporen: kugelig, 9–12 µm. Staub weiß.

Vorkommen: Juli–Oktober. Verbreitet in Laub- und Nadelwäldern, besonders häufig auf Torfboden unter Birken.

Wert: zarter, wohlschmeckender Speisepilz, roh giftig.

Verwechslungsmöglichkeit: Narzissengelber Wulstling (Nr. 36), schwach giftig.

35 Grauer Scheidenstreifling   Eßbar

Amanita vaginata (Bull. ex Fr.) Quél.

In Form und Größe wie Nr. 34, jedoch mit grauem Hut. Stiel und Hülle weißlich bis blaßgrau. Laub- und Nadelwald.

36 Narzissengelber Wulstling   Schwach giftig

Amanita gemmata (Fr.) Gill.

Hut: 5–10 cm, wachsgelb bis ockergelb, erst rundlich, dann flach. Rand gerieft. Oberfläche klebrig mit weißen Hüllresten.

Lamellen: weiß, frei.

Stiel: weiß, knollig, mit weißer, vergänglicher Manschette.

Fleisch: weiß, unter der Huthaut schwach gelblich, geruchlos.

Sporen: elliptisch, 10–12/7–8 µm. Staub weiß.

Vorkommen: Juni–Oktober. In Nadelwäldern, ortshäufig.

37 Fliegenpilz   Giftig

Amanita muscaria (L. ex Fr.) Hooker

Hut: 8–15(–25) cm, leuchtend scharlachrot bis orange, gewölbt, glän-
zend-klebrig, mit weißen, warzigen Hüllresten bedeckt, die durch Regen
abgespült werden können. Ganz jung ist der kugelige Hut vollständig
von der sog. allgemeinen Hülle, einer weißen, bröckeligen Haut umschlossen.

Lamellen: weiß bis blaßgelblich, weich, frei.

Stiel: schlank und hoch, weiß, mit weißer, schlaffer Manschette und
kugeliger, mit Warzen gesäumter Knolle.

Fleisch: weiß, unter der Huthaut intensiv gelb.

Sporen: elliptisch, 9–11/6–9 μm. Staub weiß.

Vorkommen: Juli–Oktober. In Laub- und Nadelwäldern, häufig.

Der Fliegenpilz ist eindeutig giftig, obwohl über seine Genießbarkeit schon viel
gestritten worden ist. Zuweilen hört man die Behauptung, daß der Fliegenpilz nach
dieser oder jener Vorbehandlungsmethode ungiftig sei. Es wird dringend davor
gewarnt, sich auf derartige Experimente einzulassen.

38 Pantherpilz   Giftig

Amanita pantherina (DC. ex Fr.) Secr.

Hut: 5–10 cm, graubraun, braun bis dunkelbraun, mit in Kreisen angeordneten, reinweißen, flockigen Hüllresten. Zuerst kugelig, dann halbkugelig, zuletzt flach mit vertiefter Mitte. Hutrand breit gerieft.

Lamellen: weiß, weich, dichtstehend, frei.

Stiel: weiß, schlank, alt hohl, mit weißer, hängender, nie geriefter, vergänglicher Manschette. Stielgrund knollig, in glattrandiger Scheide
steckend, darüber ein bis zwei gürtelartige Zonen.

Fleisch: weiß (auch unter der Huthaut), riecht rettichartig.

Sporen: elliptisch, 10–12/7–8 μm. Staub weiß.

Vorkommen: Juli–Oktober. In Laub- und Nadelwäldern, ziemlich häufig.

Wichtiger Giftpilz, der schon oft mit dem Perlpilz (Nr. 39) und dem Gedrungenen
Wulstling, *Amanita spissa (Fr.) Kummer,* verwechselt worden ist.

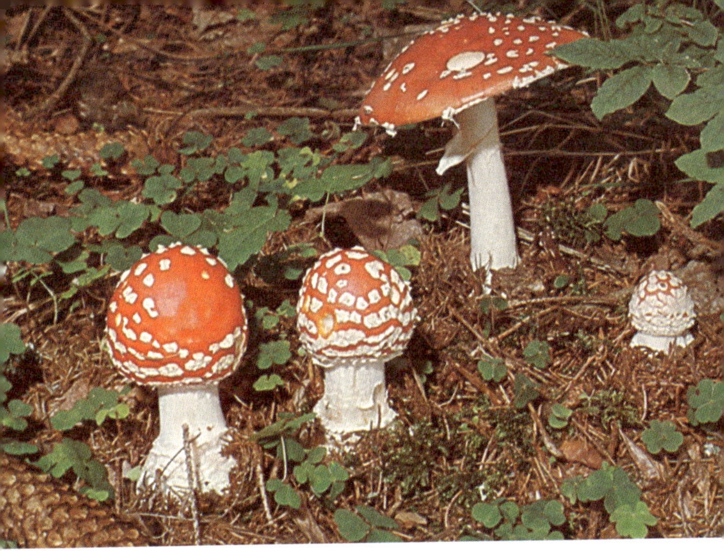

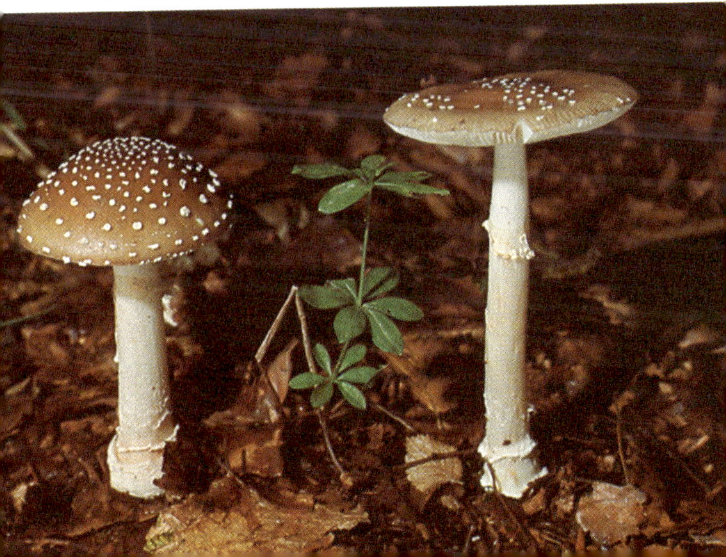

39 Perlpilz, Rötender Wulstling Eßbar

Amanita rubescens (Pers. ex Fr.) S.F. Gray

Hut: 5–15 cm, sehr verschieden gefärbt, meist fleischrötlich bis rötlich-braun, aber auch gelbbraun, kupferrot oder blaßrötlich, mit abwischbaren, flachen, blaßgrauen bis rötlichgrauen (nie reinweißen) Schuppen bedeckt; anfangs kugelig, später halbkugelig, zuletzt flach ausgebreitet. Huthaut leicht abziehbar. Hutrand nicht gerieft, höchstens undeutlich gekerbt.

Lamellen: weiß, im Alter rötlich gefleckt, engstehend, weich.

Stiel: jung weiß, später fleischrötlich, oft sehr kräftig, alt hohl, faser-schuppig, mit großer, weißer, hängender Manschette, die auf der Ober-seite immer gerieft ist (wichtiges Erkennungszeichen). Manschette jung mit dem Hutrand verbunden. Stielbasis kegelig-knollig, nicht scharf abgesetzt, schuppig oder glatt.

Fleisch: weiß, an der Luft langsam rosa anlaufend; unter der Huthaut rötlich (wichtiges Erkennungszeichen). Madengänge weinrot.

Sporen: elliptisch, 8–10/6–7 µm. Staub weiß.

Vorkommen: Juni–Oktober. In Laub- und Nadelwäldern, sehr häufig.

Wert: guter, zarter, sehr madenanfälliger Speisepilz. Roh giftig. Zur Säuberung der Pilze ist die Oberhaut abzuziehen.

Verwechslungsmöglichkeiten: Pantherpilz (Nr. 38), giftig; Gedrungener Wulstling, *Amanita spissa (Fr.) Kummer* (grauer bis brauner Hut, mit hellgrauen Hüllflocken, eßbar).

40 Gelber Knollenblätterpilz Schwach giftig

Amanita citrina (Schff.) S.F. Gray

Hut: 5–10 cm, blaß zitronengelb bis grünlichgelb, seltener reinweiß, mit gleichfarbigen, später bräunenden, vergänglichen Warzen und Hautfetzen bedeckt; zuerst kugelig, später ausgebreitet.

Lamellen: weiß bis blaßgelblich, weich, eng, frei.

Stiel: weiß, gelblich überhaucht, mit blaßgelblicher, hängender Man-schette. Basisknolle rund, mit Wulst vom Stiel abgesetzt.

Fleisch: weiß, nach rohen Kartoffeln riechend.

Sporen: kugelig, 7–10 µm. Staub weiß.

Vorkommen: August–November. In Misch- und Nadelwäldern.

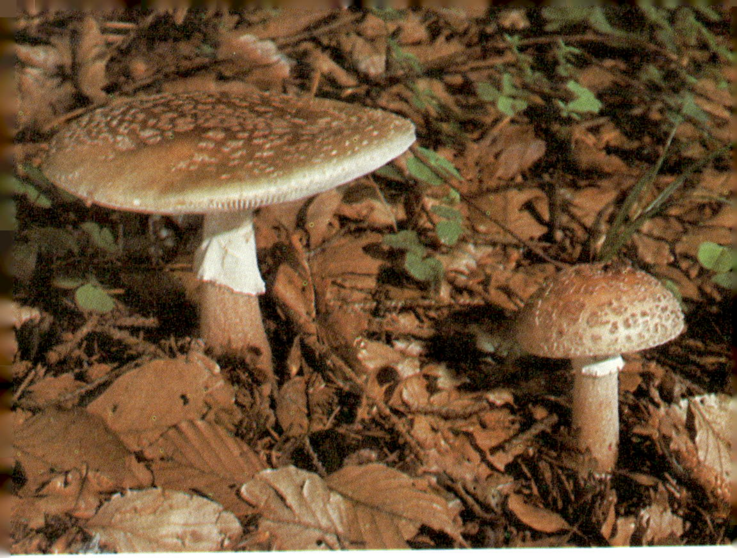

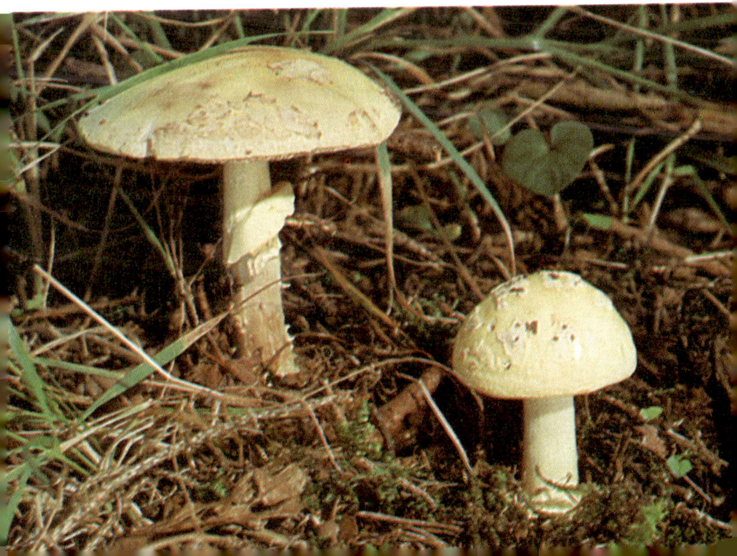

41 Grüner Knollenblätterpilz   Tödlich giftig

Amanita phalloides (Vaill. ex Fr.) Secr.

Hülle: Der ganz junge, eiförmige Fruchtkörper ist von einer weißen Haut, der sogenannten Gesamthülle umschlossen. Später reißt die Hülle auf und bleibt als häutige, vom Stiel abstehende Scheide am Stielgrund zurück.

Hut: 5–12(–15) cm, unmittelbar nach Aufreißen der Hülle blaßgrün, später oliv- bis graugrün, mit dunkleren, eingewachsenen, radialen Fasern, selten mit Hüllresten bedeckt, trocken mit Seidenglanz, bei feuchter Witterung klebrig; anfänglich kugelförmig, später halbkugelig, zuletzt gewölbt bis ausgebreitet. Oberhaut abziehbar.

Lamellen: weiß, bisweilen mit grünlichem Ton, weich, frei.

Stiel: weißlich, mit blaßgrünlichen, zackigen Querbändern, schlank, zuerst innen markig ausgefüllt, später hohl. Manschette weiß bis blaßgrünlich, groß, hängend, sehr fein gerieft, bei jungen Fruchtkörpern mit dem Hutrand verbunden. Stielbasis knollig, in einer weißen, sackartigen, lappigen Scheide steckend.

Fleisch: weiß, mit zuerst angenehmem, im Alter aufdringlich-widerlichem Geruch.

Sporen: fast kugelig, 8–11 µm. Staub weiß.

Vorkommen: Juli–Oktober. Vorwiegend in Laubwäldern, vorzugsweise unter Eichen, einzeln oder in Gruppen, stellenweise häufig.

Der Grüne Knollenblätterpilz kann mit grüngefärbten Täublingen (z. B. Nr. 66), mit grünen Ritterlingen und dem Grünspanträuschling (Nr. 60) verwechselt werden. Bei jungen noch sehr blassen Exemplaren besteht eine Verwechslungsgefahr mit hellhütigen Champignonarten (Nrn. 48, 49). Junge, noch von der Gesamthülle eingeschlossene Knollenblätterpilze sind sogar schon mit Bovisten und Stäublingen (z. B. Nr. 130) verwechselt worden.

Die Knollenblätterpilze – dazu gehören auch die beiden auf der folgenden Tafel abgebildeten Arten – sind lebensgefährlich giftig. Sie sind verantwortlich für ungefähr 90 Prozent aller Pilzvergiftungen mit tödlichem Ausgang. Die Knollenblätterpilze sind an ihren charakteristischen Merkmalen sehr leicht zu erkennen, so daß jede Vergiftung eine Folge unverantwortlichen Leichtsinns ist.

42 Weißer Spitzhütiger Knollenblätterpilz Tödlich giftig

Amanita virosa Lam. ex Secr.

Hut: 3–7(–10) cm, weiß, später in der Mitte gelblich verfärbend, bei Nässe schmierig, bei Trockenheit seidenglänzend; anfänglich eiförmig, dann spitzkegelig, zuletzt glockig gewölbt, oft asymmetrisch. Huthaut abziehbar.

Lamellen: weiß, weich, frei, mit flockiger Schneide.

Stiel: weiß, seidenglänzend, längsfaserig-flockig, sehr hoch und schlank, mit weißer, dünnhäutiger, vergänglicher, meist zerfetzter Manschette. Basisknolle in häutiger, meist anliegender Scheide steckend (Rest der Gesamthülle).

Fleisch: weiß. Geruch anfänglich schwach, später widerlich.

Sporen: kugelig, 7–10 µm. Staub weiß.

Vorkommen: Juli–Oktober. In Laub- und Nadelwäldern, weniger verbreitet als der Grüne Knollenblätterpilz.

Der Spitzhütige Knollenblätterpilz ist ebenso giftig wie der Grüne Knollenblätterpilz. Er wird vor allem mit weißen Champignonarten (Nrn. 48, 49) verwechselt. Mit der Waldform des Schafchampignons teilt er gelegentlich den Standort. Weiter besteht Verwechslungsgefahr mit dem Fransigen Wulstling (Nr. 44).

43 Weißer Flachhütiger Knollenblätterpilz, Tödlich giftig
Frühlingsknollenblätterpilz

Amanita phalloides var. verna Bull.

Dieser Pilz wird als eine Varietät des Grünen Knollenblätterpilzes aufgefaßt und gleicht ihm in allen Merkmalen, außer in der Farbe, der etwas geringeren Größe und der Erscheinungszeit.

Vorkommen: Frühling bis Herbst. In Laubwäldern auf Kalkboden, selten, im Süden häufiger.

Dieser gefährliche Giftpilz kann mit weißen Champignonarten (Nrn. 48, 49) und dem Fransigen Wulstling (Nr. 44) verwechselt werden.

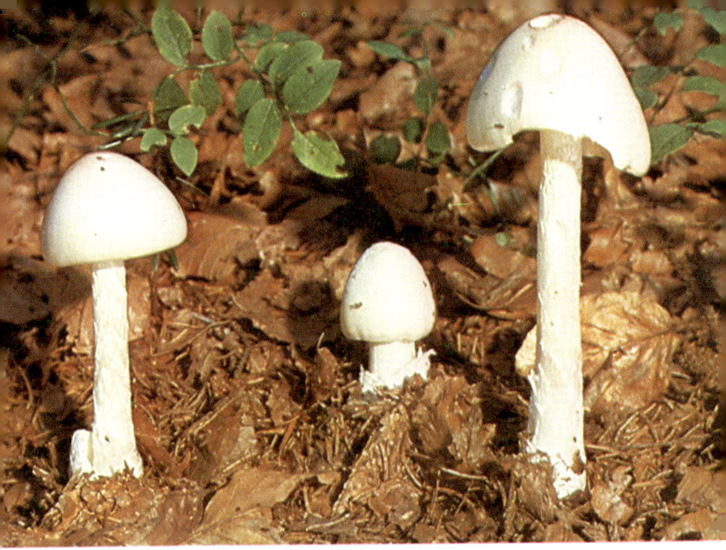

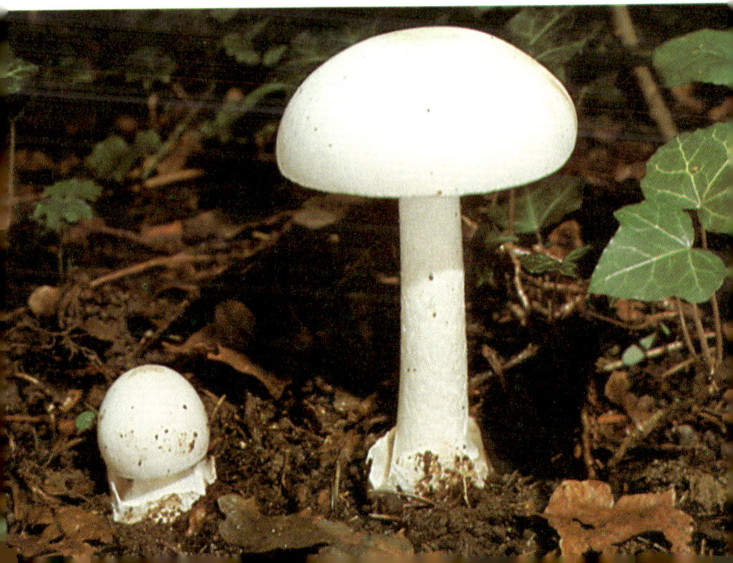

44 Fransiger Wulstling, Einsiedlerwulstling Eßbar

Amanita strobiliformis (Vitt.) Quél.

Hut: 10–18(–25) cm, weiß bis schmutzigweiß mit gräulichen, bisweilen bräunlichen, dicken, eckigen Schollen bedeckt; jung fast kugelig, dann halbkugelig, später flach. Hutrand mit vergänglichen, fetzigen Fransen von quarkartiger Beschaffenheit behangen.

Lamellen: weiß bis cremefarbig, ziemlich eng stehend, frei.

Stiel: bis 20 cm lang, 2–4,5 cm dick, weiß, im Alter bräunlich, voll, jung mit Flocken bedeckt. Manschette weiß, flüchtig, quarkartig, oberseits schwach gerieft, fetzig. Basis zugespitzt–knollig, meist glatt, mitunter schuppig bekränzt.

Fleisch: weiß, zart. Geruch schwach rettichartig.

Sporen: breit-elliptisch, 9–14/7–9,5 µm. Staub weiß.

Vorkommen: Juli–September. Vorzugsweise in Flußauwäldern, auch in Laub- und Mischwäldern, einzeln oder in kleinen Gruppen, ortshäufig.

Wert: hervorragender Speisepilz, sollte aber geschont werden.

Verwechslungsmöglichkeiten: Weiße Knollenblätterpilze (Nrn. 42, 43), tödlich giftig.

45 Getropfter Schleimschirmling Eßbar

Limacella guttata (Fr.) Konr. et Maubl.

Hut: 5–12 cm, blaß fleischfarben, kahl, schleimig, anfangs fast kugelig, später gewölbt bis flach ausgebreitet.

Lamellen: blaß, engstehend, dünn, weich, am Stiel frei.

Stiel: weißlich, später bräunlich-schuppig mit hängendem, häutigem Ring, der beidseitig mit gelblichen Tröpfchen besetzt ist, die beim Eintrocknen graubraune Flecken hinterlassen.

Fleisch: weiß, stark nach Mehl riechend.

Sporen: kugelig, 4,5–6,5 µm. Staub weiß.

Vorkommen: August–Oktober. In Nadelwäldern.

Wert: eßbar und gut.

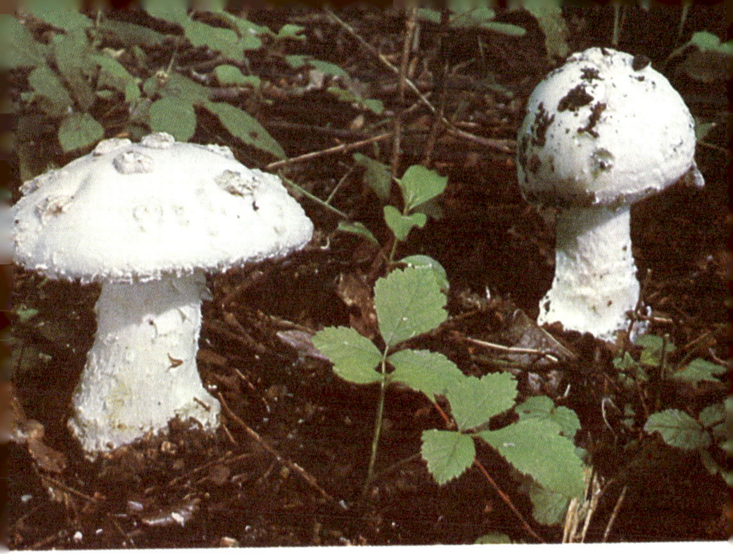
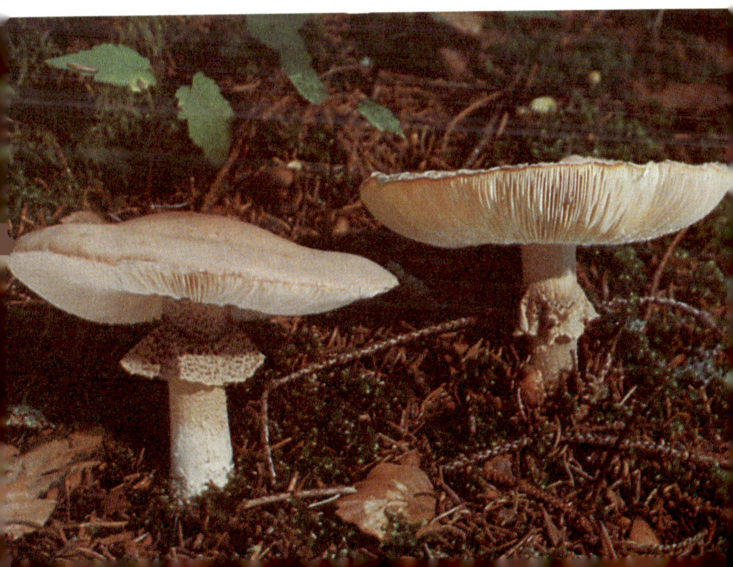

46 Riesenschirmling, Parasolpilz EBbar

Macrolepiota procera (Scop. ex Fr.) Sing.

Hut: 10–25(–30) cm, jung mit dunkelbrauner, rindenartiger Haut, die später aufreißt und auf weißem bis bräunlichem Grunde grobe, filzige Schuppen bildet. Hut jung eiförmig, durch einen Ring mit dem Stiel verbunden, später kegelig, zuletzt flach mit dunklerem Buckel.

Lamellen: weiß, gedrängt, durch einen Wulst vom Stiel getrennt.

Stiel: hutfarbig, natterig aufreißend, sehr lang und schlank, hohl, im Alter zähfaserig, mit knollig verdickter, filziger Basis. Ring dickhäutig, abstehend, doppelrandig, am Stiel verschiebbar. Stiel leicht vom Hutfleisch lösbar.

Fleisch: weiß, angenehm riechend, nicht verfärbend.

Sporen: elliptisch, groß, 15–20/10–13 µm. Staub weiß.

Vorkommen: Juli–Oktober. In lichten Wäldern, auf Waldlichtungen und Weiden, bevorzugt trockene Standorte, meist in kleineren Gruppen.

Wert: jung guter Speisepilz, besonders geeignet zum Braten. Die zähen Stiele lassen sich zu Pilzmehl verarbeiten.

47 Rötender oder Safranschirmling EBbar

Macrolepiota rhacodes (Vitt.) Sing.

Hut: 8–15 cm, kugelig bis glockig ausgebreitet. Die zuerst geschlossene, hellbraune bis braune Oberhaut reißt später auf; es entstehen auf hellerem Grunde grobe, abstehende, ringförmig angeordnete, filzige Schuppen. Mitte nicht aufreißend.

Lamellen: weiß, bei Verletzung rötend.

Stiel: weiß, später bräunlich, hohl, mit knolliger Basis und abstehendem, verschiebbarem Ring.

Fleisch: weiß, rasch safranrot anlaufend.

Sporen: elliptisch, 9–12/6–7 µm. Staub weiß.

Vorkommen: Juli–Oktober. In Nadel- und Laubwäldern, Parks usw.

Wert: jung guter Speisepilz, kann auch gebraten werden.

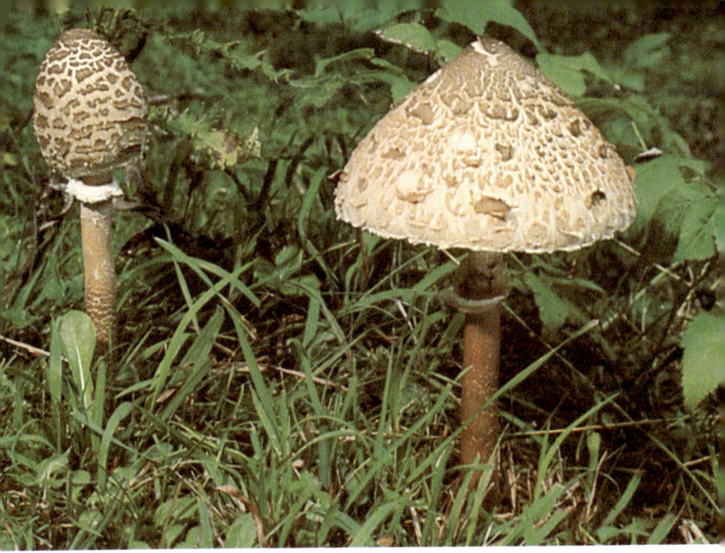

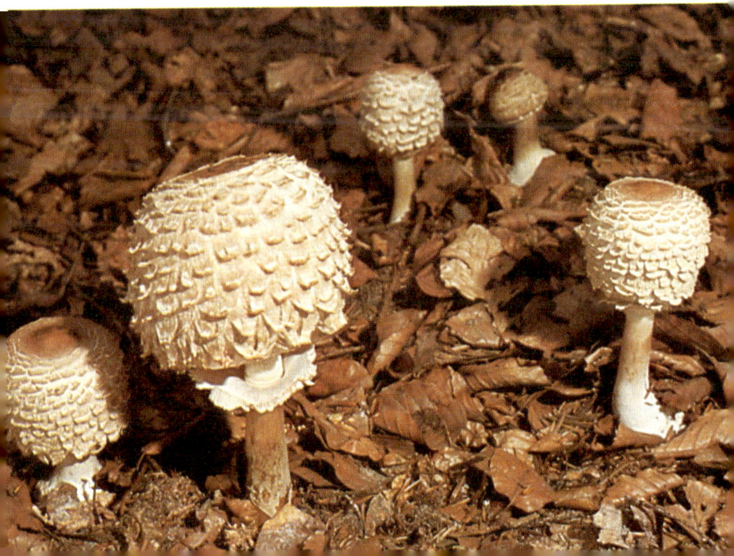

48 Feld- oder Wiesenchampignon   Eßbar

Agaricus campester (L.) Fr.

Hut: 5–10 cm, weiß, bisweilen bräunlich, seidigglatt oder in der Mitte etwas schuppig, jung kugelig, dann gewölbt bis flach ausgebreitet. Hutrand über die Lamellen hinausreichend.

Lamellen: jung rosa (nie weiß), dann rotbräunlich, zuletzt schokoladebraun bis fast schwarz, dichtstehend, frei.

Stiel: weiß, seidig-glatt, kurz und stämmig, mit zerrissenem, leicht abfallendem Ring. Basis stumpf zugespitzt, oft gilbend.

Fleisch: weißlich, schwach rötend. Geruch angenehm.

Sporen: elliptisch, 7–8/4–5 µm. Staub schwarzbraun.

Vorkommen: Juni–Oktober. Auf gedüngten Wiesen, Viehweiden und in Gärten. Erscheint nach längeren Trockenperioden oft massenhaft.

Wert: guter, geschätzter Speisepilz.

Verwechslungsmöglichkeiten: siehe Nr. 49 unten.

49 Anis- oder Schafchampignon   Eßbar

Agaricus arvensis Schff. ex Fr.

Hut: 8–15 cm, weiß bis blaßgelblich, auf Druck gelb verfärbend, seidigglänzend, zuletzt feinschuppig; jung eiförmig geschlossen, später halbkugelig bis flach gewölbt.

Lamellen: blaßgrau bis graurosa (nie rein weiß), später schokoladebraun, dicht stehend, frei.

Stiel: weiß, auf Druck gilbend, mit dickem, unterseits flockig-schuppigem Ring. Basis etwas verdickt.

Fleisch: weiß, gelblich anlaufend, mit typischem Anis- oder Mandelgeruch (wichtiges Erkennungszeichen!).

Sporen: eiförmig, 6,5–8/4–5 µm. Staub purpurbraun.

Vorkommen: Juni–Oktober. Waldränder, Wiesen, Weiden.

Wert: sehr guter, aber madenanfälliger Speisepilz.

Verwechslungsmöglichkeiten: Der schwach giftige Karbol-Champignon, *Agaricus xanthoderma Gen.,* ist leicht an seinem unangenehmen Karbolgeruch erkennbar. Verhängnisvoll ist eine Verwechslung mit tödlich giftigen Knollenblätterpilzen (Nrn. 41, 42 u. 43), mit dem ebenfalls sehr gefährlichen Ziegelroten Rißpilz (Nr. 61) und dem stark giftigen Riesenrötling (Nr. 32).

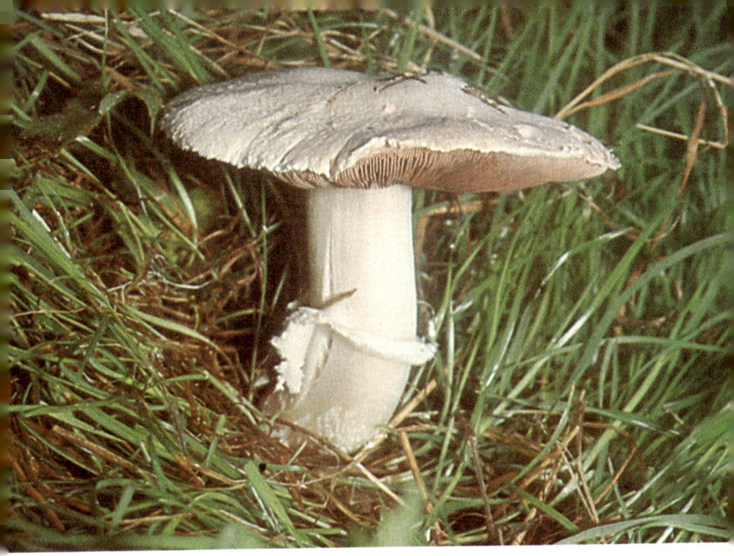

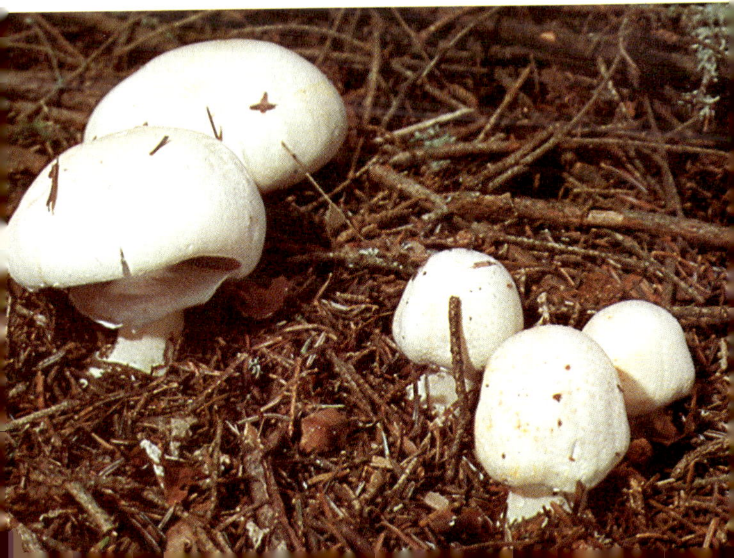

50 Kleiner Blut- oder Waldchampignon   Eßbar

Agaricus silvaticus Schff. ex Secr.

Hut: 4–8 cm, auf hellerem Grunde eingewachsen braunfaserig, oft rot-fleckig, am Anfang halbkugelig, später gewölbt bis verflacht.

Lamellen: erst graurötlich, bei Druck oder Verletzung rasch karminrot fleckend, später schokoladebraun.

Stiel: weiß oder bräunlichschuppig, mit breit abstehendem Ring und keulig bis knollig verdickter Basis.

Fleisch: weiß, beim Durchschneiden rasch karminrot anlaufend.

Sporen: eiförmig, 4,5–6/3–3,5 µm. Staub schwarzbraun.

Vorkommen: Juli–Oktober. Unter Fichten, auf Kalk, gesellig.

Wert: eßbar und gut, aber wenig ausgiebig.

Verwechslungsmöglichkeit: siehe Nr. 51 unten.

51 Großer Blut- oder Waldchampignon   Eßbar

Agaricus langei (Moell.) Moell.

Hut: 5–15 cm, bräunlich, dicht mit rostbraunen, faserigen Schuppen bedeckt, anfangs kugelig, dann glockig bis verflacht.

Lamellen: zuerst schön rosa, später braun bis schwarzbraun.

Stiel: oft sehr lang und tief im Boden eingesenkt, weißlich, bisweilen rosa angehaucht, bei Verletzung rotfleckig, mit großem, hängendem Ring und kaum verdickter Basis.

Fleisch: weiß, beim Durchschneiden rasch karminrot anlaufend.

Sporen: lang-elliptisch, 7–9/3,5–5 µm. Staub purpurbraun.

Vorkommen: Juli–Oktober. Unter Fichten, auf Kalk, gesellig.

Wert: guter, ergiebiger Speisepilz.

Verwechslungsmöglichkeit: Der schwach giftige, ebenfalls braunschuppige Rebhuhnchampignon, *Agaricus phaeolepidotus (Moell.) Moell.*, ist leicht an seinem gilbenden (nicht rötenden) Fleisch und seinem Karbolgeruch zu erkennen.

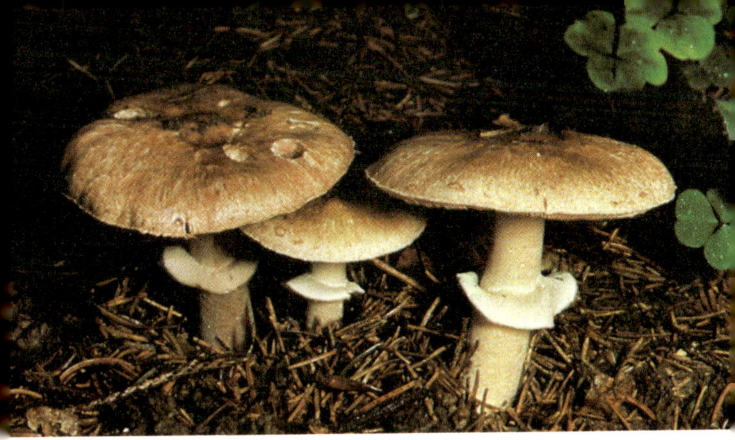

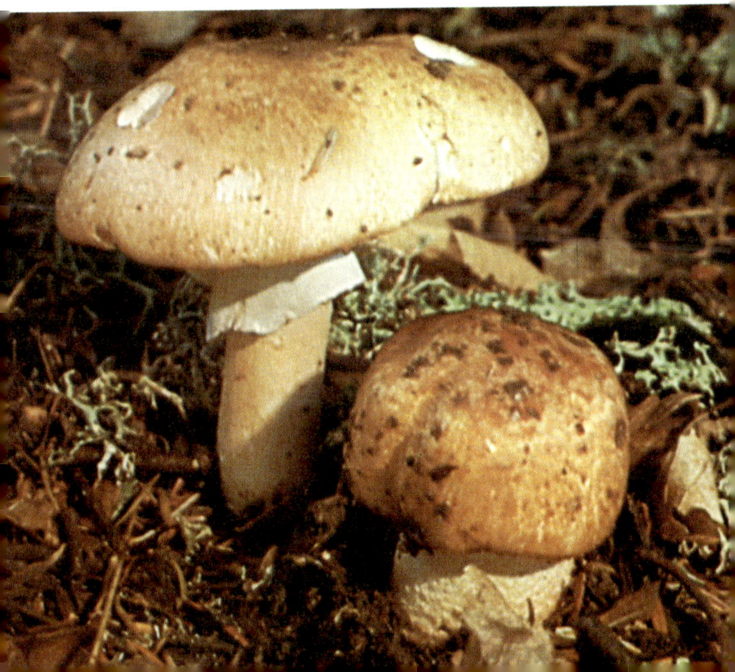

52 Schopftintling Eßbar

Coprinus comatus (Müll. ex Fr.) S.F.Gray

Hut: 5–15 cm hoch und 3–7 cm im Durchmesser, zuerst eiförmig bis oval-walzenförmig, dann glockenförmig, zuletzt aufgeschirmt. Oberhaut weiß, zuerst glatt, bald in abstehende, weiße bis blaßbräunliche, faserige Schuppen aufgelöst. Scheitel bräunlich, glatt bleibend. Hut verfärbt sich vom Rand her zuerst rosa, danach schwarz und zerfließt dann tintenartig. Rand oft eingerissen.

Lamellen: zuerst weiß, später vom Rand her zuerst rosa, dann schwarz werdend, zerfließend, dichtstehend, frei.

Stiel: weiß, schlank, hohl, mit weißem, schmalem, beweglichem Ring, der zuerst mit dem eingebogenen Hutrand verbunden ist, später am völlig gestreckten Stiel auffällig tief sitzt.

Fleisch: weiß, weich, zart, mit angenehmem Geruch.

Sporen: eiförmig, 12–16/7–8 µm. Staub schwarz.

Vorkommen: April–November. Überall auf gedüngtem Boden, auf Wiesen, Viehweiden, in Gärten, an Straßengräben und auf Komposthaufen, auch an Waldwegen, gesellig, häufig.

Wert: jung (d. h. solange die Lamellen noch weiß sind) guter, zarter Speisepilz. Muß sofort zubereitet werden, da rasch verderblich.

Verwechslungsmöglichkeiten: andere Tintlinge, vor allem Grauer Faltentintling (Nr. 53), bedingt eßbar.

53 Grauer Faltentintling, Knotentintling Bedingt eßbar
Coprinus atramentarius (Bull. ex Fr.) Fr.
Hut: 5–8 cm hoch, 3–6 cm breit, eiförmig bis kegelig-glockig, grau bis graubräunlich, faltig gefurcht. Mitte mit bräunlichen Schüppchen. Im Alter schwarz zerfließend.
Lamellen: anfangs weißlich, dann graubraun, schließlich schwarz werdend und zerfließend, dicht stehend.
Stiel: weiß, glatt, hohl werdend, nahe der Basis mit kantigem Wulst, der später verschwindet.
Fleisch: weiß, im Hut sehr dünn.
Sporen: elliptisch, 7,5–10/5–5,5 µm. Staub schwarz.
Vorkommen: April–November. Wiesen, Äcker, Gärten, Flußauwälder, büschelig wachsend.
Wert: jung eßbar. Vor, während und nach dem Genuß von Faltentintlingen darf kein Alkohol getrunken werden, da sonst Vergiftungen eintreten können. Symptome: beschleunigte Herztätigkeit, Gesichtsrötung.

54 Gesäter oder Rasiger Tintling Kulinarisch bedeutungslos
Coprinus disseminatus (Pers. ex Fr.) S. F. Gray
Hut: 1–2 cm, erst ockergelblich, dann grau mit gelbbraunem Scheitel, jung eiförmig, dann glockig, furchig gerieft, häutig-dünn.
Lamellen: zuerst fleischblaß, dann grau bis schwarz.
Stiel: weißlich, fadendünn, schlaff, mit striegeliger Basis.
Sporen: elliptisch: 7,5–10/4–5 µm. Staub schwärzlich.
Vorkommen: Mai–Oktober. Auf und an morschen Baumstrünken, büschelig wachsend, oft zu Tausenden.

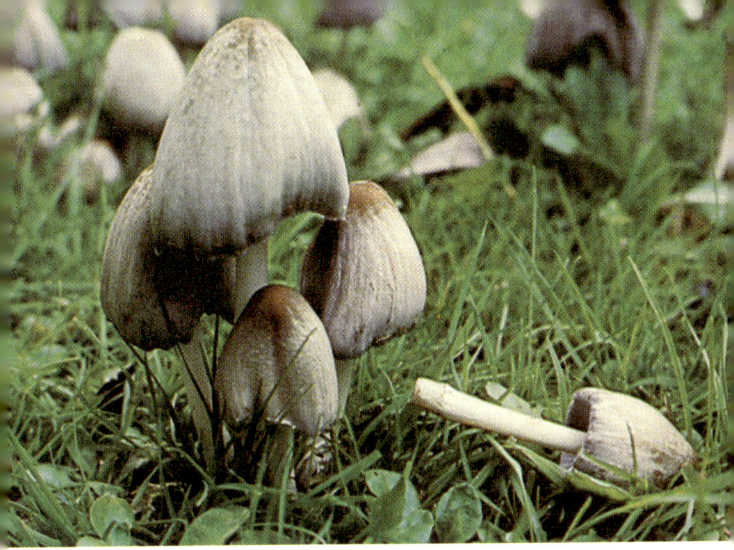

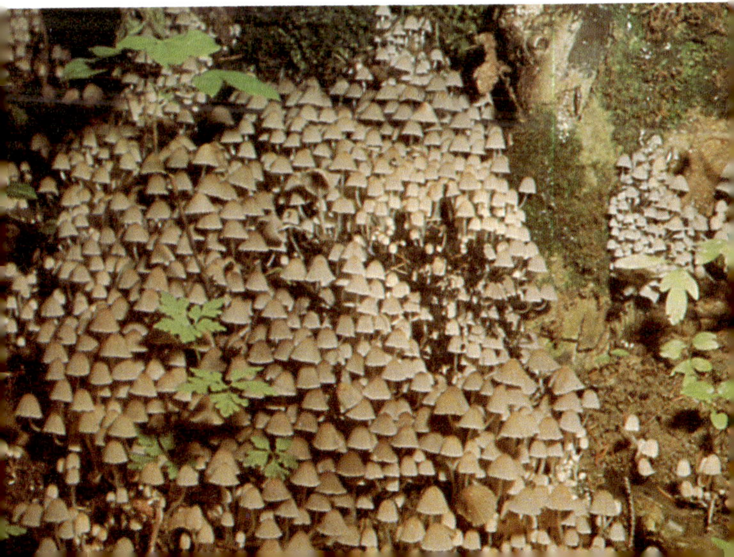

55 Rauchblättriger Schwefelkopf Eßbar

Hypholoma capnoides (Fr. ex Fr.) Kummer

Hut: 2–6(–11) cm, blaßgelb, bräunlichgelb bis orangebräunlich, halbkugelig bis abgeflacht. Rand oft wäßrig durchzogen und jung mit Schleierresten behangen.

Lamellen: erst blaßgelblich, dann rauchgrau bis violettgrau, zuletzt schwarzbraun (nie grünlich).

Stiel: gelblich, am Grund rostbraun, schlank und oft gekrümmt, hohl, glatt, jung bisweilen mit schwachen Schleierresten.

Fleisch: weißlichgelb. Geschmack mild, nach rohen Erbsen.

Sporen: elliptisch, 7–9/4–5 μm. Staub violettschwarz.

Vorkommen: ganzjährig, besonders häufig im Spätherbst, büschelig an Nadelholzstrünken.

Wert: recht guter Speisepilz, sehr ergiebig. Stiele entfernen!

Verwechslungsmöglichkeiten: Grünblättriger Schwefelkopf (Nr. 56), schwach giftig; Ziegelroter Schwefelkopf (Nr. 57), eßbar; Stockschwämmchen (Nr. 58), eßbar.

56 Grünblättriger Schwefelkopf Schwach giftig

Hypholoma fasciculare (Huds. ex Fr.) Kummer

Hut: 3–7 cm, schwefelgelb (bisweilen grünlichgelb), mit dunklerer, mehr oder weniger fuchsigbrauner Mitte, zuerst glockig, dann ausgebreitet, stumpf gebuckelt. Rand anfänglich mit Schleierresten behangen.

Lamellen: zuerst schwefelgelb, bald grünlich, zuletzt grünlichbraun.

Stiel: schwefelgelb, mit rostbräunlicher Basis, schlank, hohl.

Fleisch: schwefelgelb, mit gallenbitterem Geschmack.

Sporen: elliptisch, 6–8/4 μm. Staub violettschwarz.

Vorkommen: ganzjährig, büschelig an Laub- und Nadelholz.

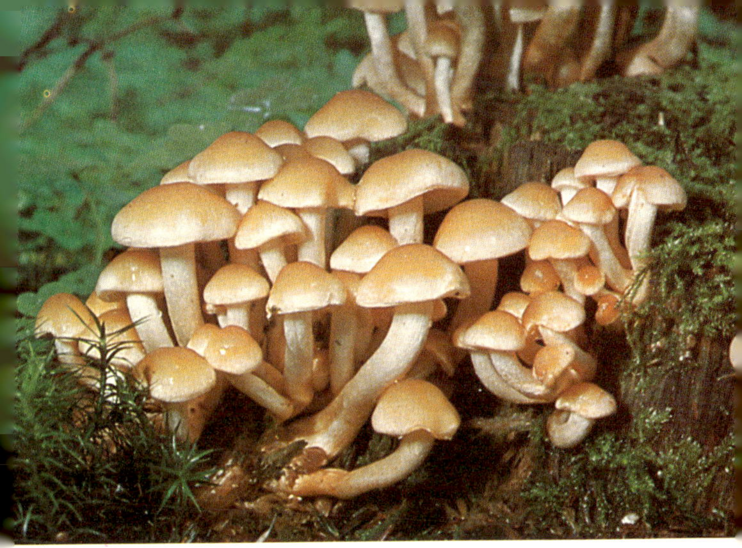

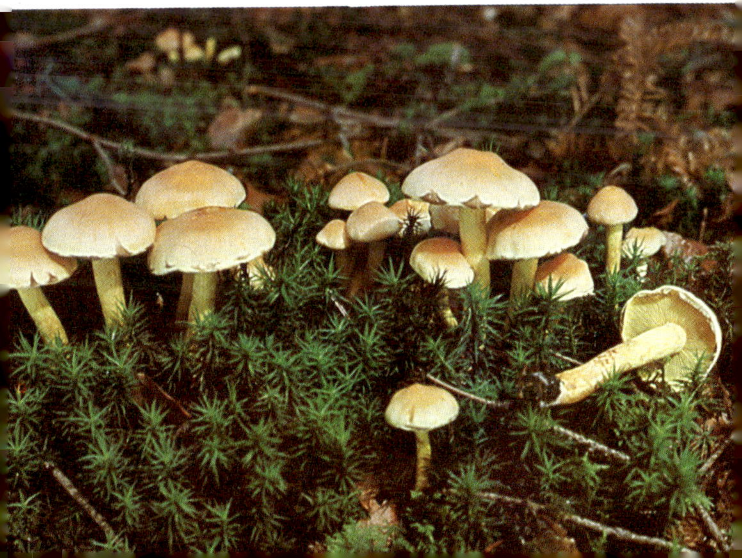

57 Ziegelroter Schwefelkopf   Eßbar

Hypholoma sublateritium (Fr.) Quél.

Hut: 4–8(–12) cm, fuchsig bis ziegelrötlich, mit blasserem, gelblichem, jung mit Schleierresten behangenem Rand; anfänglich gewölbt, dann ausgebreitet, ziemlich dickfleischig.

Lamellen: zuerst blaß gelblichgrau, dann olivgrau bis olivschwarz.

Stiel: oben gelblich, unten rotbraun, meist gekrümmt, ziemlich kräftig, oft mit ringartig angeordneten, faserigen Schleierresten, die durch herabgefallene Sporen schwärzlich gefärbt sind.

Fleisch: blaßgelblich, schwach bitter schmeckend.

Sporen: elliptisch, 6–8/3–4 µm. Staub violettschwarz.

Vorkommen: August–November. Büschelig an Laubholzstrünken.

Wert: nach Abbrühen eßbar, aber nicht schmackhaft.

58 Stockschwämmchen   Eßbar

Kuehneromyces mutabilis (Schff. ex Fr.) Sing. u. Smith.

Hut: 3–6(–10) cm, honiggelb bis gelbbräunlich, meist mit dunklerer, zimtbrauner, durchwässerter Randzone, fettig glänzend, bei feuchter Witterung schmierig; anfänglich halbkugelig, durch den Ring verschlossen, später flach ausgebreitet, gebuckelt. Rand bisweilen durchscheinend gerieft.

Lamellen: zuerst blaßbräunlich, später rostbraun.

Stiel: rostbraun, sparrig-schuppig bekleidet, Basis dunkler, dünn, zäh, oft gekrümmt. Ring häutig oder flockig, oberseits braun gefärbt, vergänglich. Oberhalb des Ringes Stiel blaß.

Fleisch: im Hut blaß, im Stiel rostbraun, angenehm riechend.

Sporen: elliptisch, 6–7/3–4,5 µm. Staub rostbraun.

Vorkommen: April–Dezember. Büschelig an Stümpfen von Laubbäumen, seltener an Nadelholz, ziemlich häufig.

Wert: hervorragender, vielseitig verwendbarer Speisepilz.

Verwechslungsmöglichkeiten: Schwefelköpfe (Nrn. 55, 56, 57), eßbar oder leicht giftig; Hallimasch (Nr. 24), eßbar. Der eßbare Wässerige Saumpilz, *Psathyrella hydrophila (Bull. ex Merat) R. Mre.,* besitzt einen ähnlich gefärbten Hut; der Stiel ist aber weiß und ringlos.

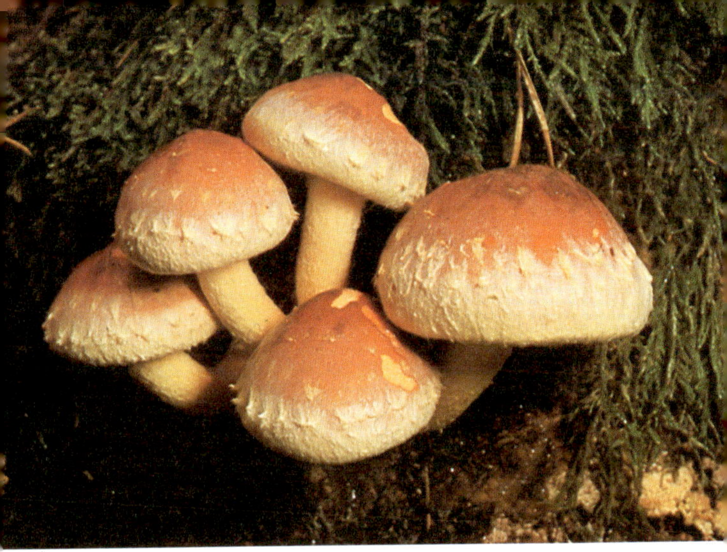

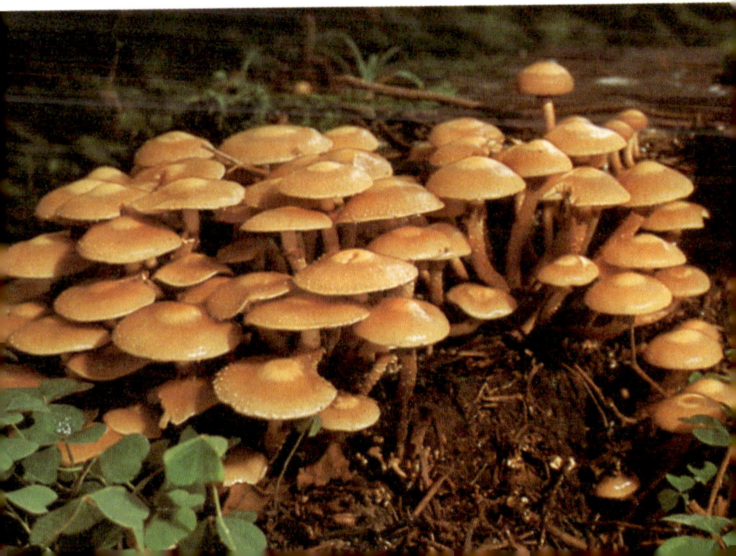

59 Sparriger Schüppling   Ungenießbar

Pholiota squarrosa (Pers. ex Fr.) Kummer

Hut: 6–10(–15) cm, auf strohgelbem bis rostgelbem Grund mit braunen, sparrig abstehenden, gekrümmten Schuppen bedeckt, erst halbkugelig-glockig mit eingerolltem Rand, später ausgebreitet, gebuckelt, stets trocken.

Lamellen: zuerst wachsgelb, dann olivgelb bis olivbräunlich, zuletzt rostbraun, meist schwach herablaufend.

Stiel: dem Hut gleichfarbig und ebenso sparrig-schuppig bekleidet, mit ausgefranstem Ring. Oberhalb des Ringes kahl, weißlich bis blaßgelblich.

Fleisch: weiß bis gelblichweiß, mit dumpfem, rettichartigem Geruch und Geschmack. Stielfleisch zäh.

Sporen: elliptisch, 6–8/3,5–4 µm. Staub rostbräunlich.

Vorkommen: September–November. Büschelig auf Laub- und Nadelholz-strünken und am Grund lebender Bäume. Befällt auch Apfelbäume. Gefährlicher Parasit.

60 Grünspanträuschling   Eßbar

Stropharia aeruginosa (Curt. ex Fr.) Quél.

Hut: 4–10 cm, jung und bei feuchtem Wetter mit einer blaugrünen, klebrigen, abziehbaren Schleimschicht bedeckt, auf der am Rande weiße, vergängliche Flocken kleben. Hut anfänglich glockig, zuletzt flach ausgebreitet bis vertieft, im Alter kahl, ockergelb ausblassend.

Lamellen: zuerst blaß, dann rötlichgrau, zuletzt purpurbraun.

Stiel: blaß blaugrünlich mit vergänglichem (oft fehlendem), häutigem Ring, darunter mit weißen, flockigen Schuppen bedeckt.

Fleisch: weißlich mit eindringender, grünlicher Hutfarbe. Geruch schwach, säuerlich.

Sporen: eiförmig-elliptisch, 7–9/4–5 µm. Staub purpurbraun.

Vorkommen: August–November. Laub- und Nadelwald, häufig.

Wert: nach Abbrühen gut. Schleimschicht abziehen.

Verwechslungsmöglichkeit: Grüner Knollenblätterpilz (Nr. 41), tödlich giftig.

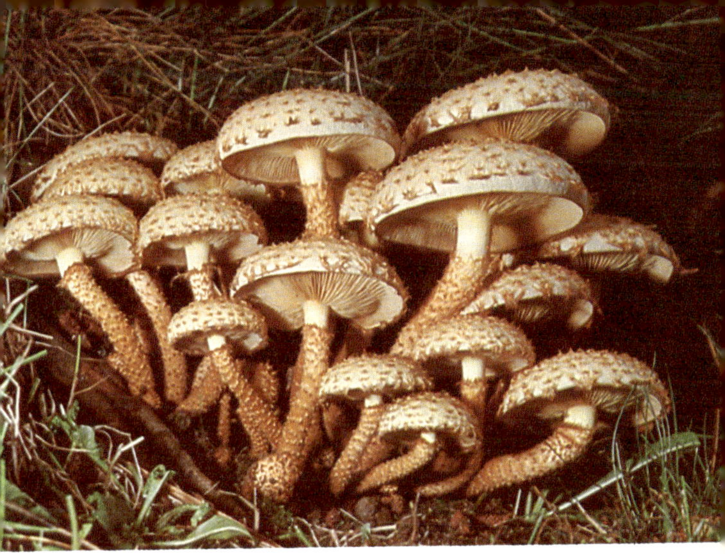

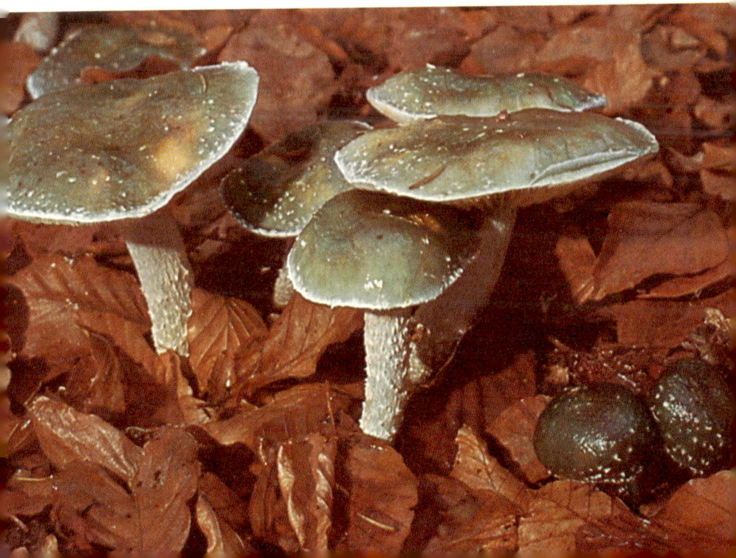

61 Ziegelroter Rißpilz   Tödlich giftig

Inocybe patouillardii Bres.

Hut: 3–9 cm, zuerst weiß bis gelblichweiß, dann ockerbräunlich, schließlich stellenweise, dann ganz ziegelrötlich anlaufend, eingewachsen faserig; anfänglich kegelig-glockig, später ausgebreitet mit kegeligem Buckel. Im Alter Rand radial eingerissen.

Lamellen: anfangs weißlich, dann graugelblich, zuletzt erd- bis olivbraun, auf Druck rötend. Schneide weißlich, gekerbt.

Stiel: weiß, später rötend, faserig. Basis oft knollig.

Fleisch: weiß, langsam rötlich anlaufend, im Alter mit spezifischem süßlich-spirituösem Geruch.

Sporen: nierenförmig, 9–14/5–8 µm. Staub ockerbräunlich.

Vorkommen: Mai–August. An Waldwegen, in Gärten, ortshäufig.

Der Ziegelrote Rißpilz, einer der gefährlichsten Giftpilze, kann mit dem zu gleicher Zeit erscheinenden Mairitterling (Nr. 15), mit hellhütigen Champignonarten (Nrn. 48, 49) sowie mit dem Zigeuner (Nr. 62) verwechselt werden.

62 Zigeuner, Reifpilz, Runzelschüppling   Eßbar

Rozites caperata (Pers. ex Fr.) Karst.

Hut: 5–12 cm, lehmfarben-gelblich bis ockerbräunlich, besonders in der Mitte, jung oft lila, später weißlich bereift, anfänglich kugelig geschlossen, dann halbkugelig-glockig, später gewölbt bis flach, gegen den Rand hin meist grubig gerunzelt.

Lamellen: erst blaß lehmfarbig, später ockerbräunlich, oft wellig gekräuselt. Schneide fein gekerbt und weiß.

Stiel: schmutzigweiß bis blaßbräunlich, faserig, mit schmutzigweißem, schmalem, häutigem Ring. Basis leicht verdickt.

Fleisch: weiß bis blaßbräunlich, meist wäßrig durchzogen, im Stiel faserig, mit schwachem, angenehmem Geruch.

Sporen: mandelförmig, 11–14/7–9 µm, rauh. Staub rostgelb.

Vorkommen: Juli–Oktober. Besonders im Nadelwald, gesellig, häufig.

Wert: vorzüglicher Speisepilz, aber sehr madenanfällig.

Verwechslungsmöglichkeiten: Ziegelroter Rißpilz (Nr. 61), tödlich giftig; Lila-Dickfuß, *Cortinarius traganus Fr.,* schwach giftig (safrangelbes Fleisch, Ring fehlend).

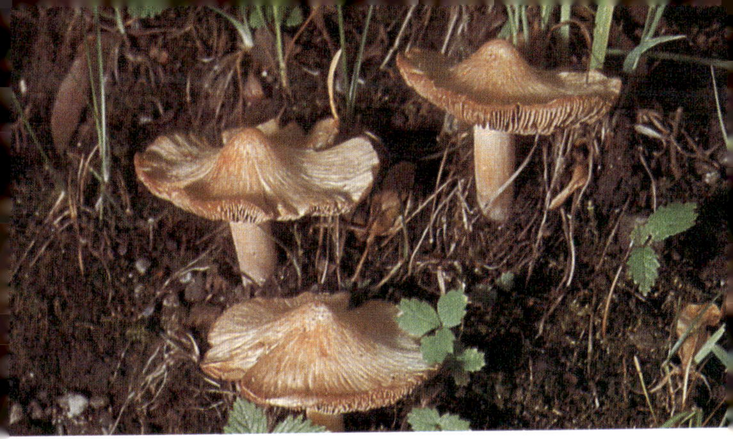

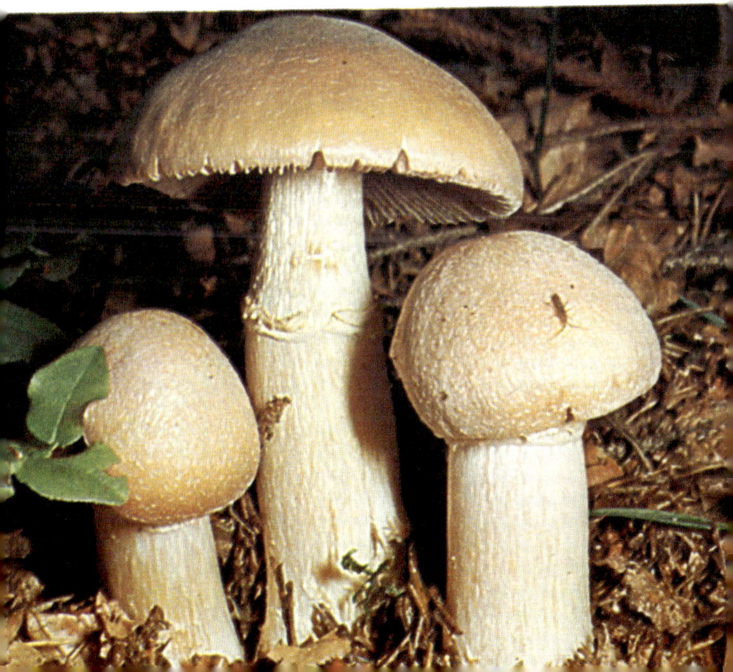

63 Semmelbrauner oder Ziegelgelber Schleimkopf Eßbar
Cortinarius (Phlegmacium) varius Fr.
Hut: 4–8 cm, semmelbraun, fuchsig, feucht-schmierig, jung halbkugelig,
später ausgebreitet. Ganz jung ist der Hutrand mit dem Stiel durch einen
feinen, weißen Haarschleier verbunden.
Lamellen: jung violettblau, dann hellviolett, zuletzt zimtbraun.
Stiel: weiß bis blaßbräunlich, keulig, mit Spuren des von den Sporen
rostbraun gefärbten Haarschleiers.
Fleisch: weiß, in der Stielbasis blaßgelblich, fest.
Sporen: mandelförmig, 10–12/5,5–6 µm, warzig. Staub rostbraun.
Vorkommen: Juli–Oktober. Im Fichtenwald auf Kalk, gesellig.
Wert: einer der besten und leicht zu erkennenden Schleimköpfe.
Verwechslungsmöglichkeiten: andere harmlose Schleierlinge.

64 Blaugestiefelter Schleimkopf, Schleiereule Eßbar
Cortinarius (Phlegmacium) praestans (Cord.) Gill.
Das Umschlagbild zeigt junge, das nebenstehende Bild ältere Exemplare
dieses größten und stattlichsten Schleierlings.
Hut: 10–15(–25) cm, jung violettbraun, dann rotbraun bis schokoladebraun, im Alter gelbbraun, wenig schmierig. Jung halbkugelig, vollständig
von einer violettweißen Hülle überzogen, die dann aufreißt und zwischen
Hutrand und Stiel als fädiger Schleier zurückbleibt, z. T. oft flockige Reste
auf der Hutoberfläche bildend. Hut später gewölbt, schließlich scheibenförmig ausgebreitet. Randzone stark radial-runzlig.
Lamellen: erst blaßviolett bis blaßgrau, dann tonbräunlich bis rostfarben,
engstehend, mit gekerbter Schneide.
Stiel: zuerst kugelförmig und breiter als der Hut, dann gestreckt, mit
bauchiger Knolle, festfleischig, weißlich mit blaßblauvioletten, verschwin-
denden Zonen, später ockerlich.
Fleisch: jung im Stiel bläulich, sonst weißlich, geruchlos.
Sporen: mandelförmig, 12–18/8–10 µm, warzig. Staub rostbraun.
Vorkommen: September–November. Vor allem in Buchenwäldern, selten
in Nadelwäldern, auf Kalkböden, in Gruppen, ortshäufig.
Wert: guter, festfleischiger, meist madenfreier Speisepilz.

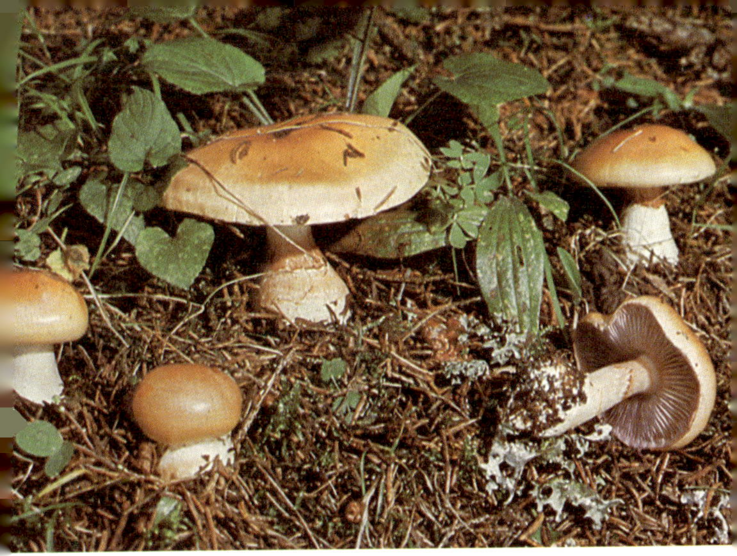

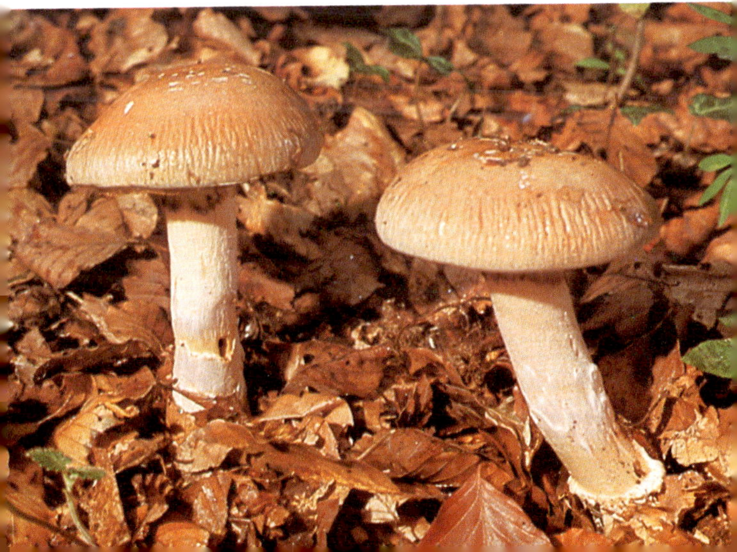

65 Speisetäubling   Eßbar

Russula vesca Fr.

Hut: 5–10 cm, fleischrötlich-bräunlich, oft mit violettem Ton, ausblassend, radialaderig, matt, gewölbt bis schwach vertieft. Rand 1–2 mm breit von der Oberhaut entblößt. Oberhaut halb abziehbar.

Lamellen: weiß, dichtstehend, brüchig, im Alter rostfleckig.

Stiel: weiß, fest, an der Basis zugespitzt und oft rostfleckig.

Fleisch: weiß, fest, mit mildem, nußähnlichem Geschmack.

Sporen: fast kugelig, 6–8/5–6 µm, fein warzig. Staub weiß.

Vorkommen: Juni–Oktober. Laub- und Nadelwälder.

Wert: guter Speisepilz.

Es sind in Mitteleuropa mehr als 100 Täublingsarten bekannt. Die wichtigsten Erkennungszeichen sind das mürbe, brüchige, nicht in Fasern aufspaltbare Stielfleisch, die leicht splitternden Lamellen (Ausnahme Nr. 67) und die meist bunten Hutfarben. Alle Täublinge mit mildem Geschmack sind eßbar (aber mehr oder weniger gut), während die scharfen und bitteren oder unangenehm riechenden ungenießbar oder schwach giftig sind. Diese Regel gilt nur für die Täublinge und darf keinesfalls auf andere Pilzgattungen angewendet werden!

66 Gefelderter Grüntäubling   Eßbar

Russula virescens (Schff.) Fr.

Hut: 6–15 cm, spangrün, olivocker verblassend, mit trockener, felderig aufgerissener, kleiig-warziger Oberhaut, anfänglich kugelförmig, schließlich ausgebreitet. Rand bisweilen gerippt.

Lamellen: weiß bis blaßcremig, oft braunfleckig, spröde.

Stiel: weiß, kräftig, fest, an der Basis bisweilen bräunend.

Fleisch: weiß, hart, mit mildem Geschmack.

Sporen: fast kugelig, 8–10/7–8 µm, kleinstachelig, Staub weißlich.

Vorkommen: Juli–September. Laub- und Nadelwald, ortshäufig.

Wert: guter, festfleischiger Speisepilz.

Verwechslungsmöglichkeit: Grüner Knollenblätterpilz (Nr. 41), tödlich giftig; andere grüne, ungiftige Täublinge.

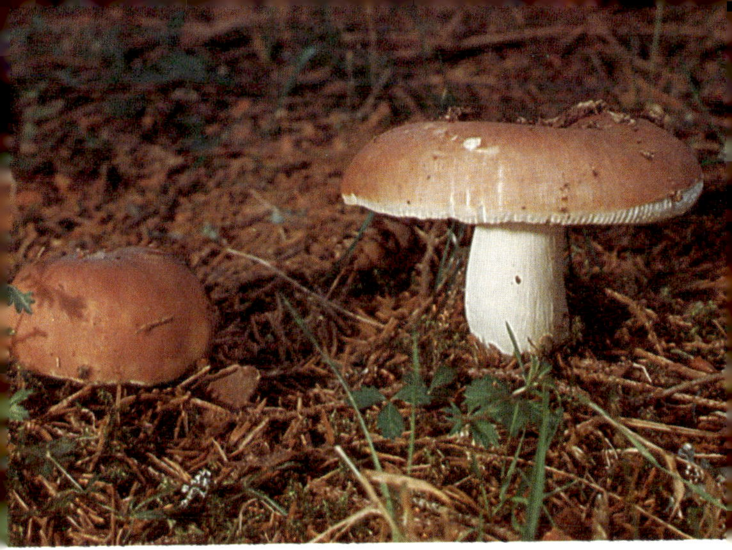

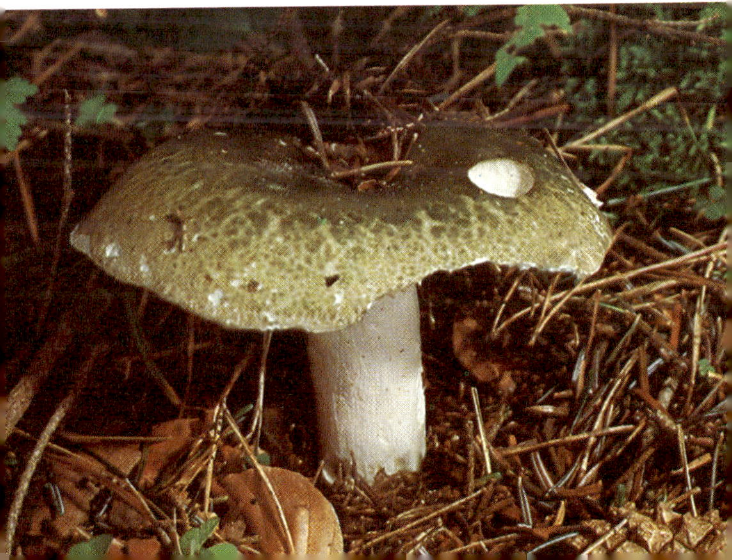

67 Violettgrüner oder Frauentäubling   Eßbar

Russula cyanoxantha Schff. ex Fr.

Hut: 6–15 cm, violett bis grauviolett mit grüner Mitte, aber auch ganz violett oder seltener ganz grün; gewölbt bis ausgebreitet mit nieder-gedrückter Mitte. Oberhaut zu ⅓ abziehbar, kahl, lange schmierig blei-bend. Rand scharf, zuletzt gerieft.

Lamellen: weiß, weich, biegsam (Ausnahme unter den Täublingen).

Stiel: weiß, seltener lila oder rötlich, stämmig, fest.

Fleisch: weiß, fest, mild, im Stiel bisweilen gekammert hohl.

Sporen: fast kugelig, 8–9/6–7 µm, punktiert. Staub weiß.

Vorkommen: Juni–Oktober. Vor allem im Buchenwald, häufig.

Wert: guter, wohlschmeckender Speisepilz, sehr madenanfällig.

68 Harter Zinnobertäubling   Ungenießbar

Russula rosacea Pers. ex S.F. Gray

Hut: 5–10 cm, meist schön zinnoberrot, auch blutrot oder rosa, halb-kugelig bis gewölbt. Oberhaut nie schmierig, glanzlos, samtig bereift, nicht abziehbar, oft rissig.

Lamellen: weiß bis blaßgelb, brüchig. Schneide oft rötlich.

Stiel: weiß, meist rot angehaucht, fest, voll.

Fleisch: weiß, auffallend hart, mit Bleistiftholzgeschmack.

Sporen: fast kugelig, 8–9/7–8 µm, punktiert. Staub blaß.

Vorkommen: Juli–Oktober. Vor allem im Buchenwald.

69 Speitäubling   Schwach giftig

Russula emetica Fr.

Hut: 2–10 cm, hellrot bis leuchtend kirschrot, kugelig bis ausgebreitet vertieft, dünnfleischig. Oberhaut klebrig, glänzend, ganz abziehbar. Rand zuletzt gerieft.

Lamellen: weiß, oft mit grünlichem Reflex.

Stiel: weiß, sehr brüchig, im Alter hohl werdend.

Fleisch: weiß, brüchig. Geschmack brennend scharf.

Sporen: breit-elliptisch, 7,5–12/6–9,5 µm, stachelig. Staub weiß.

Vorkommen: Juli–Oktober. Laub- und Nadelwald.

Vergiftungen durch scharfe Täublinge (etwa 30 Arten) sind selten, da sie sich beim Essen durch ihren Geschmack bemerkbar machen.

70 Pfeffermilchling   Gebraten eßbar

Lactarius pergamenus (Swartz ex Fr.) Fr.

Hut: 6–15(–20) cm, weiß, im Alter gelblich, oft braunfleckig, anfangs flach gewölbt mit stark eingerolltem Rand, dann verflacht, zuletzt trichterig. Oberfläche glatt, am Rand oft runzelig.

Lamellen: weißlich bis rahmgelblich, zuletzt braungelblich gefleckt, ungewöhnlich dicht stehend, etwas herablaufend.

Stiel: weiß, länger als die halbe Hutbreite, kräftig, kahl.

Fleisch: weiß, hart, brüchig, mit weißem, scharfem Milchsaft.

Sporen: breit-elliptisch, 8–9,5/5,5–7 µm, fein warzig. Staub weiß.

Vorkommen: Juli–Oktober. Laubwald, besonders unter Buchen, seltener Nadelwald, gesellig, häufig, oft massenhaft.

Wert: in Osteuropa wichtiger Speisepilz. Wird wie Sauerkraut eingesalzen oder gebraten gegessen. Als Gemüsepilz ungenießbar.

Verwechslungsmöglichkeit: Wolliger Milchling, *Lactarius vellereus (Fr.) Fr.,* ungenießbar (weiß, groß und sehr kurzstielig mit wollig-filziger Oberfläche, ebenfalls scharf).

In Mitteleuropa treten etwa 70 Milchlingsarten auf. Die Milchlinge sind gekennzeichnet durch ihr mürbes, brüchiges Fleisch, das an Verletzungsstellen einen weißen, wasserklaren, orangeroten oder weinroten, oft nachträglich verfärbenden Milchsaft ausscheidet.

71 Grubiger oder Strohgelber Milchling   Schwach giftig

Lactarius scrobiculatus (Scop. ex Fr.) Fr.

Hut: 10–15(–25) cm, strohgelb, gelbocker, oft mit dunkleren Ringzonen, gewölbt bis trichterförmig, rauhfilzig, vor allem am anfänglich stark eingerollten Rand, bei feuchter Witterung klebrig.

Lamellen: gelblichweiß, gedrängt, schwach herablaufend.

Stiel: gelblich, bereift mit ockerfuchsigen bis umbrabraunen, unregelmäßigen Vertiefungen, kurz und dick.

Fleisch: blaßgelb, mit weißer, rasch schwefelgelb werdender, scharfer Milch.

Sporen: fast kugelig, 8–9/7 µm, kleinwarzig. Staub hellocker.

Vorkommen: Juli–Oktober. Truppweise in Nadelwäldern, vor allem im Gebirge, ortshäufig.

72 Milchbrätling

Gebraten eßbar

Lactarius volemus Fr.

Hut: 6–15 cm, orange- bis rotbraun, ungezont, anfangs gewölbt, dann vertieft, derbfleischig, trocken, matt, feinsamtig.

Lamellen: gelblich, bei Verletzung und im Alter braunfleckig, mäßig dicht stehend, brüchig.

Stiel: etwas blasser als der Hut, an Druckstellen braunfleckig, fest und voll.

Fleisch: weißlich, bei Verletzung bräunend, sondert reichlich weiße Milch ab. Geruch nach Hering, besonders im Alter.

Sporen: kugelig, 8–10 µm, warzig, gratig. Staub weiß.

Vorkommen: Juli–Oktober. Laub- und Nadelwald.

Wert: nur als Bratpilz verwendbar. Über die Genießbarkeit des Brätlings gehen die Meinungen auseinander.

Verwechslungsmöglichkeiten: andere harmlose Milchlinge.

73 Lachsreizker, Alpenreizker

Eßbar

Lactarius salmonicolor Heim u. Lecl.

Hut: 5–15 cm, orangegelb bis lebhaft orange, schwach gezont, ohne oder höchstens mit schwacher Grünverfärbung, klebrig bis schleimig, jung mit eingerolltem Rand, später vertieft.

Lamellen: orange bis orangeocker, schwach herablaufend.

Stiel: hutfarbig, mit dunkleren, vertieften Flecken, jung voll, später hohl werdend.

Fleisch: brüchig, weißlich, mit orange gefärbtem Milchsaft, der sich beim Eintrocknen langsam weinrot verfärbt.

Sporen: elliptisch, 9–12/6,6–7,5 µm. Staub hellocker.

Vorkommen: Juli–November. Fichtenwald, im Voralpengebiet häufig.

Wert: besonders als Bratpilz und zum Einlegen in Essig geeignet.

Es gibt drei Reizkerarten mit orange gefärbter Milch, die der Anfänger nur schwer unterscheiden kann. Dies ist aber nicht von Bedeutung, da alle drei Arten eßbar sind. Der in der Schweiz seltene Edelreizker, *Lactarius deliciosus (L. ex Fr.) S. F. Gray,* kommt vor allem unter Kiefern vor und ist weniger intensiv orange gefärbt. Der Fichtenreizker, *Lactarius semisanguifluus Heim u. Lecl.,* neigt stark dazu, sich grün zu verfärben.

Beim Sammeln von Reizkern achte man auf den orange gefärbten Milchsaft, dann sind Verwechslungen mit giftigen Milchlingen ausgeschlossen.

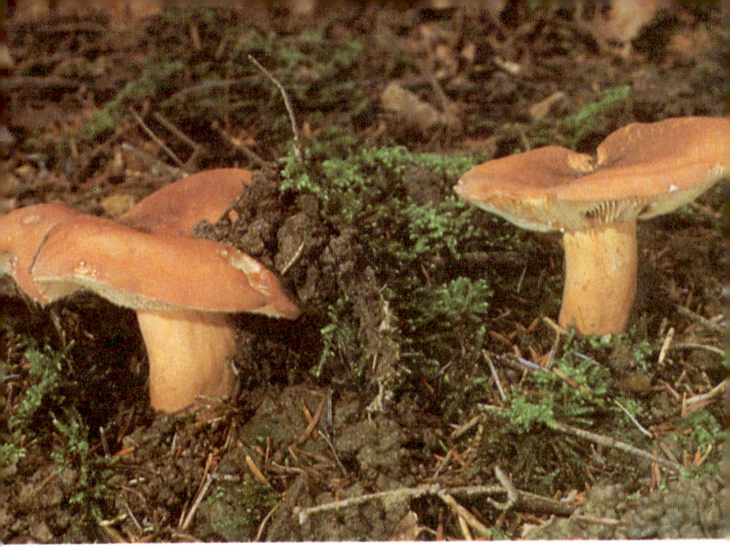

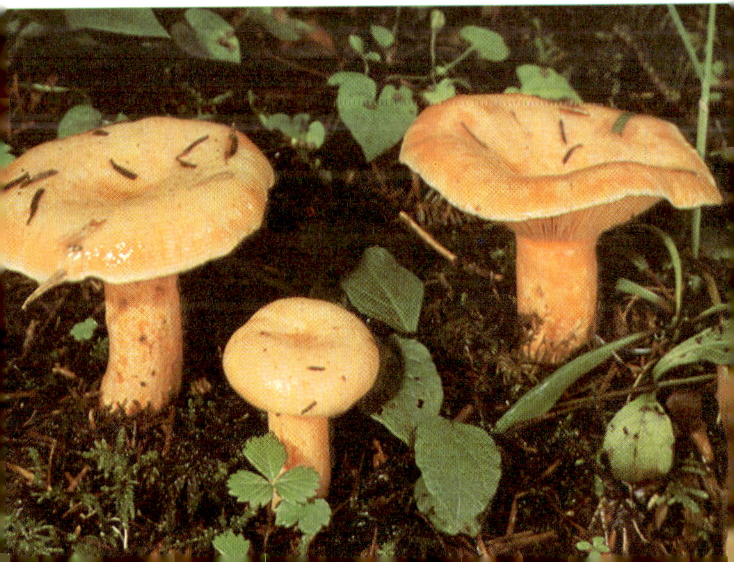

74 Bruchreizker, Maggipilz   Gewürzpilz
Lactarius helvus Fr.
Hut: 6–15 cm, trüb rötlichocker, feinschuppig-filzig, matt, trocken, erst
gewölbt, dann flach bis trichterig, sehr brüchig.
Lamellen: gelblichweiß bis rötlichocker, schwach herablaufend.
Stiel: etwas heller als der Hut, im Alter hohl. Basis filzig.
Fleisch: gelblichblaß, sehr brüchig, beim Eintrocknen kräftig nach Maggi-
würze riechend. Milchsaft wasserklar, mild.
Sporen: breit-elliptisch, 6,5–9/5,5–6,5 µm. Staub rahmgelblich.
Vorkommen: Juli–Oktober. Feuchte Nadel- und Birkenwälder.
Wert: in großen Mengen genossen giftig, getrocknet und pulverisiert
hervorragender Gewürzpilz.

75 Kampfermilchling   Gewürzpilz
Lactarius camphoratus Bull. ex Fr.
Hut: 2,5–5(–8) cm, rotbraun, glanzlos, trocken, erst flach gewölbt, dann
vertieft bis trichterig, mit undeutlich gerieftem Rand.
Lamellen: rotbräunlich, im Alter dunkler, oft weiß bestäubt.
Stiel: ähnlich wie der Hut gefärbt, meist gekrümmt.
Fleisch: blaß rotbräunlich, beim Eintrocknen intensiv nach Maggiwürze
riechend. Milchsaft wäßrig-weiß, mild.
Sporen: fast kugelig, 7,5–8,5/6,5–7,5 µm. Staub rahmgelblich.
Vorkommen: Juli–November. Laub- und Nadelwald, häufig.
Wert: getrocknet und pulverisiert hervorragender Gewürzpilz.

76 Schwarzkopfmilchling, Mohrenkopf   Eßbar
Lactarius lignyotus Fr.
Hut: 4–7 cm, dunkelbraun bis fast schwarz, runzelig, matt, trocken,
anfangs gewölbt, dann vertieft, Mitte meist spitz gebuckelt.
Lamellen: weiß, zuletzt gelblich, verletzt rötlich anlaufend.
Stiel: etwas heller als der Hut, hoch, am Lamellenansatz runzelig.
Fleisch: weiß, verfärbt sich durch den anfangs weißen Milchsaft rötlich
oder rötlichgelb, mild.
Sporen: fast kugelig, 8–10 µm, gratig. Staub hellocker.
Vorkommen: August–Oktober. Fichtenwald, moosige Stellen.
Wert: guter Speisepilz.

77 Strubbelkopfröhrling   Ungenießbar
Strobilomyces floccopus (Vahl ex Fr.) Karst.
Hut: 5–15 cm, auf blassem Grund mit graubraunen bis braunschwarzen, dachziegeligen, weichen Schuppen bedeckt. Erst kugelig und mit einem häutigen Schleier verschlossen, dann polsterförmig. Hutrand bisweilen grauflockig behangen.
Röhren: grau, lang, kissenförmig. Poren grau, weit, eckig.
Stiel: genauso gefärbt und geschuppt wie der Hut, mit rasch vergänglichem, grauem, flockigem Ring.
Fleisch: grauweißlich, zuerst rötend, dann schwärzend.
Sporen: fast kugelig, 10–13/9–10 µm. Staub dunkelbraunpurpur.
Vorkommen: Juli–Oktober. Laub- und Nadelwald, nicht häufig.

78 Düsterer oder Porphyrröhrling   Ungenießbar
Porphyrellus pseudoscaber (Secr.) Sing.
Hut: 5–12(–16) cm, hell- bis dunkelbraun, bisweilen olivbraun, halbkugelig bis polsterförmig, trocken, samtig.
Röhren: gelbgraublaß, dann graubraun bis braun, meist ausgebuchtet. Poren gleichfarbig, im Alter ziemlich weit.
Stiel: meist etwas dunkler als der Hut, jung bauchig.
Fleisch: schmutzigweiß, blau, grün oder rötlich verfärbend.
Sporen: spindelig, 15–19/6–7,5 µm. Staub rotbraun.
Vorkommen: Juni–Oktober. Nadel- und Mischwald, meist selten.

79 Körnchenröhrling, Schmerling   Eßbar
Suillus granulatus (L. ex Fr.) O. Kuntze
Hut: 5–10 cm, gelbbraun, rötlichbraun, halbkugelig bis flach gewölbt, mit klebriger bis schmieriger, abziehbarer Oberhaut.
Röhren: hellgelb bis schmutziggelb. Poren gleichfarbig, jung bisweilen milchigweiße Flüssigkeitstropfen ausscheidend.
Stiel: gelb, ohne Ring, zuerst blaßgelb, dann braun punktiert.
Fleisch: blaßgelb, jung fest, später schwammig.
Sporen: spindelig, 8–11/3–4,5 µm. Staub gelbrötlich.
Vorkommen: Juni–Oktober. Unter Kiefern, an Waldrändern, auf Waldwiesen.
Wert: guter Speisepilz. Schmierige Huthaut abziehen.

80 Goldröhrling, Goldgelber Lärchenröhrling   Eßbar
Suillus grevillei (Klotsch) Sing.

Hut: 4–12(–15) cm, zitronengelb bis goldgelb, schleimig oder klebrig, glänzend, anfangs halbkugelig, später gewölbt bis verflacht. Oberhaut vollständig abziehbar.

Röhren: gelb, später braungelb. Poren gleichfarbig, auf Druck braun verfärbend, eng, jung von einem Schleier bedeckt.

Stiel: goldgelb, bräunend, mit weißem oder gelblichem Ringwulst.

Fleisch: gelb, rosabräunlich anlaufend, weich, alt schwammig.

Sporen: spindelig, 8–11/3–4 µm. Staub olivocker.

Vorkommen: Juli–Oktober. Lärchenbegleiter, gesellig.

Wert: jung guter Speisepilz. Schmierige Huthaut abziehen.

81 Butterröhrling   Eßbar
Suillus luteus (L. ex Fr.) S. F. Gray

Hut: 4–10(–13) cm, gelbbraun bis schokoladebraun, schleimig oder klebrig, glänzend, radialfaserig. Oberhaut abziehbar.

Röhren: hellgelb bis olivgelb. Poren gleichfarbig, jung von einem Schleier bedeckt (siehe Abbildung).

Stiel: weiß bis gelblich, später bräunend. Ring häutig, filzig, anfangs weiß, später violettbräunlich.

Fleisch: weiß bis gelblich, weich, alt schwammig.

Sporen: spindelig, 7–11/2,5–3,5 µm. Staub rötlichocker.

Vorkommen: Juni–Oktober. Unter Kiefern, gesellig.

Wert: jung guter Speisepilz. Huthaut abziehen.

82 Pfefferröhrling   Ungenießbar
Suillus piperatus (Bull. ex Fr.) O. Kuntze

Hut: 2–6 cm, gelbbraun bis kupferbraun, schwach klebrig.

Röhren: rostbraun, oft etwas herablaufend. Poren rostrot.

Stiel: gelbbraun bis rostbraun. Basis oft gelb.

Fleisch: weißlich, stellenweise rötlich, im Stiel gelb. Geschmack brennend scharf, pfefferartig.

Sporen: spindelig, 7–12/3–5 µm. Staub zimtbraun.

Vorkommen: Juni–Oktober. Im Nadelwald.

83 Kuhröhrling   Eßbar

Suillus bovinus (L. ex Fr.) O. Kuntze

Hut: 4–11 cm, gelbbraun bis rötlichbraun, klebrig, glänzend, bei Nässe schmierig, anfangs am Rand eingerollt und oft schwach überfasert, später gewölbt bis flach ausgebreitet, zuletzt niedergedrückt, kahl, oft verbogen. Oberhaut teilweise abziehbar.

Röhren: zuerst graugelblich, dann orangebräunlich, zuletzt olivbraun, ziemlich kurz (–10 mm), schwach herablaufend. Poren gleichfarbig, weit, eckig, radiär verlängert (Unterschied zu Nr. 84), durch tieferliegende Scheidewände in 3 bis 4 engere Röhrchen unterteilt.

Stiel: etwas heller als der Hut, gleichmäßig dick, oft verbogen.

Fleisch: gelblich bis bräunlich, schwach blauend, elastisch.

Sporen: spindelig, 7–11/3–4,5 µm. Staub olivbräunlich.

Vorkommen: Juli–Oktober. Unter Kiefern, in Gruppen oder Büscheln.

Wert: junge Exemplare als Mischpilz verwertbar.

Verwechslungsmöglichkeit: Sandröhrling (Nr. 84), eßbar.

84 Sandröhrling   Eßbar

Suillus variegatus (Sow. ex Fr.) O. Kuntze

Hut: 6–12(–15) cm, anfangs gelblichgrau bis braungelblich und filzig, dann bräunlich bis ockerfarbig, feinschuppig, später verkahlend, bei Nässe klebrig; jung halbkugelig mit eingerolltem Rand, später gewölbt. Oberhaut schwer abziehbar.

Röhren: schmutziggelb bis -orange, dann grünlichgelb bis oliv, breit angewachsen oder um den Stiel niedergedrückt. Poren anfänglich graugelblich, später olivbraun, jung sehr fein, später mittelweit, rundlich (Unterschied zu Nr. 83).

Stiel: unterschiedlich gelb bis braun, sehr fein filzig, später kahl.

Fleisch: gelblich bis blaßorange, meist schwach blauend.

Sporen: spindelig, 7,5–11/3–4 µm. Staub olivbraun.

Vorkommen: Juni–November. In sandigen und sumpfigen Kiefernwäldern.

Wert: jung als Mischpilz verwendbar.

Verwechslungsmöglichkeit: Kuhröhrling (Nr. 83), eßbar.

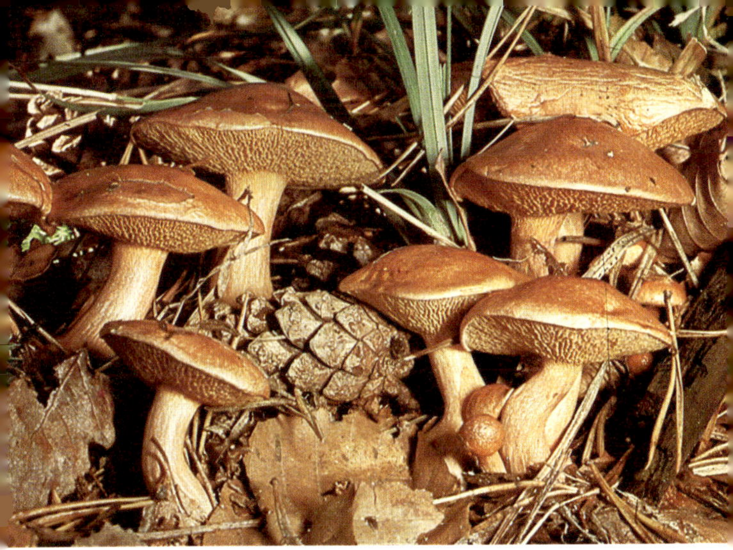

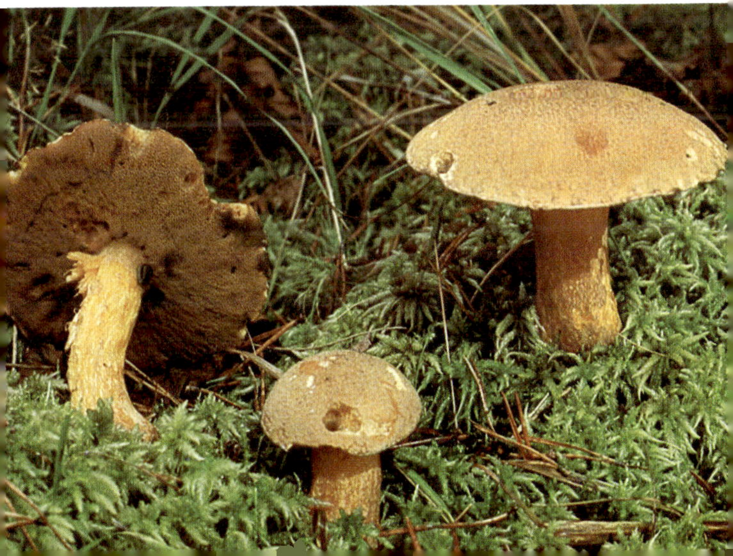

85   Ziegenlippe, Filzröhrling   Eßbar
Xerocomus subtomentosus (L. ex Fr.) Quél.
Hut: 5–10(–15) cm, gelboliv bis olivbraun oder braun, samtfilzig, matt, trocken; anfangs halbkugelig, später polsterförmig bis abgeflacht. Oberhaut nur ausnahmsweise bei Trockenheit aufreißend, nicht abziehbar. Fraßstellen und Risse blaß.
Röhren: zitronen- bis goldgelb, im Alter grünlichgelb, auf Druck wenig verfärbend, leicht vom Hutfleisch lösbar. Poren gleichfarbig, eckig, weit, am Stielansatz meist verlängert.
Stiel: gelblich bis bräunlich, längsstreifig, schlank.
Fleisch: blaßgelblich, selten blauend, weich, alt schwammig.
Sporen: spindelig, 11–14/4–6 µm. Staub olivbraun.
Vorkommen: Juni–Oktober. Laub- und Nadelwald, eher vereinzelt.
Wert: jung guter Speisepilz, alt zu weichfleischig.
Verwechslungsmöglichkeiten: Rotfußröhrling (Nr. 86), eßbar; Maronenröhrling (Nr. 87), eßbar.

86   Rotfußröhrling   Eßbar
Xerocomus chrysenteron (Bull. ex St. Amans) Quél.
Hut: 3–8(–10) cm, olivgraubraun bis dunkeloliv oder braun bis rotbraun, bereift bis filzig, matt, trocken; halbkugelig bis polsterförmig. Oberhaut schon früh felderig aufreißend, nicht abziehbar. Fraßstellen und Risse rötlich gefärbt.
Röhren: blaßgelb, später grünlichgelb bis olivgrün, auf Druck blaugrün verfärbend. Poren gleichfarbig, eckig, weit.
Stiel: auf gelbem Grund rot punktiert, schlank.
Fleisch: blaßgelb, unter der Oberhaut purpurrot, schwach blauend.
Sporen: spindelig, 10,5–16/4,2–6,7 µm. Staub olivbraun.
Vorkommen: Juni–November. Laub- und Nadelwald, sehr häufig.
Wert: jung guter Speisepilz, alt zu weichfleischig.
Verwechslungsmöglichkeit: Ziegenlippe (Nr. 85), eßbar.

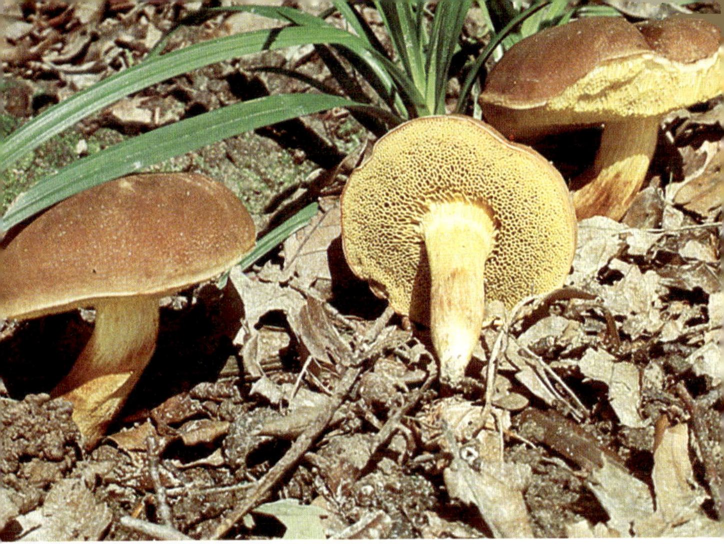

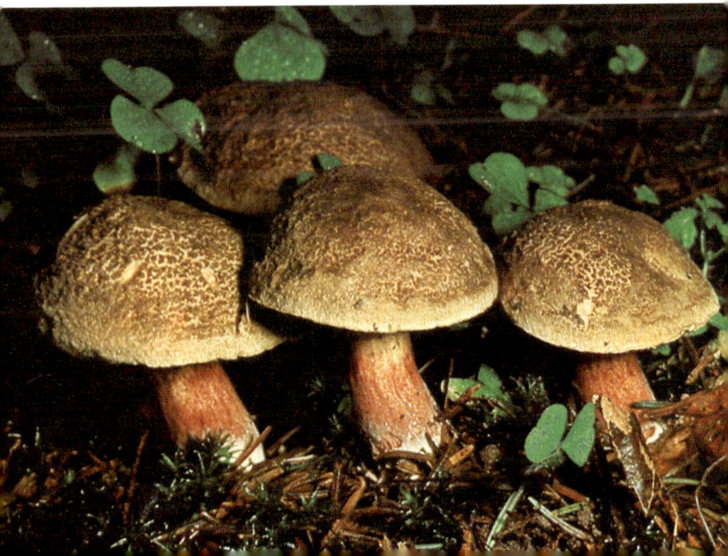

87 Maronenröhrling Eßbar

Xerocomus badius (Fr.) Kühn. ex Gill.

Hut: 5–15(–20) cm, kastanien- bis schokoladebraun, jung und bei Trockenheit feinfilzig, später und bei Nässe leicht schmierig, glänzend; halbkugelig bis polsterförmig verflacht.

Röhren: erst blaßgelb, dann gelblichgrün, auf Druck blaugrün fleckend. Poren gleichfarbig, eng bis mittelweit.

Stiel: bräunlich, längsstreifig, nicht genetzt (Unterschied zu Steinpilz, Nr. 93), jung oft bauchig, dann walzenförmig.

Fleisch: weißlich, über den Röhren blaßgelb und dort blauend.

Sporen: spindelig, 11 17/4,5–6 µm. Staub olivbräunlich.

Vorkommen: Juni–November. Vorwiegend Nadelwald, sehr häufig.

Wert: sehr guter, jung festfleischiger Speisepilz. Auch zum Trocknen geeignet.

Verwechslungsmöglichkeiten: Steinpilz (Nr. 93), eßbar; Ziegenlippe (Nr. 85), eßbar.

88 Schönfußröhrling, Dickfußröhrling, Ungenießbar
Bitterröhrling

Boletus calopus Fr.

Hut: 6–15(–20) cm, hellgraubraun bis hellockerbraun, schwach filzig, trocken; halbkugelig mit eingerolltem Rand, dann polsterförmig.

Röhren: schwefelgelb, zitronengelb, zuletzt oliv, an Druckstellen sofort grünlichblau anlaufend. Poren gleichfarbig, fein.

Stiel: oben gelb, unten karminrot mit erhabenem Netzwerk; jung knollig-bauchig, später gestreckt, oft fast zylindrisch.

Fleisch: blaßgelblich, deutlich blauend, mit bitterem Geschmack.

Sporen: spindelig, 10–14/4–6 µm. Staub bräunlicholiv.

Vorkommen: Juli–Oktober. Laub- und Nadelwald.

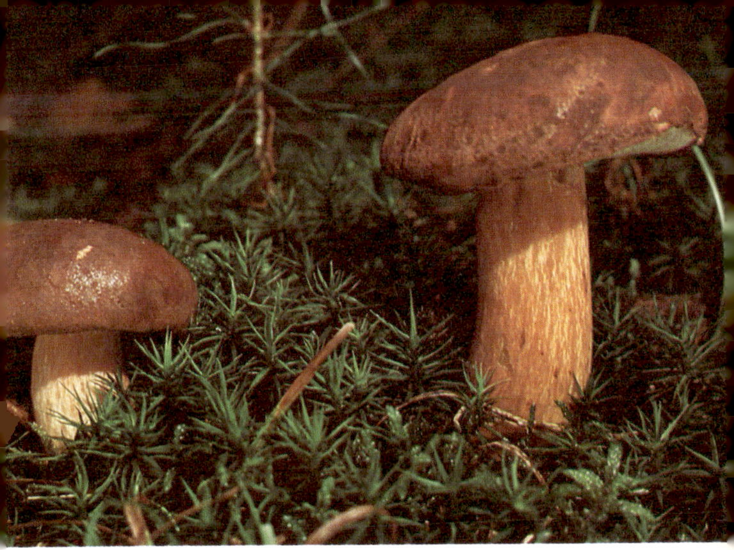

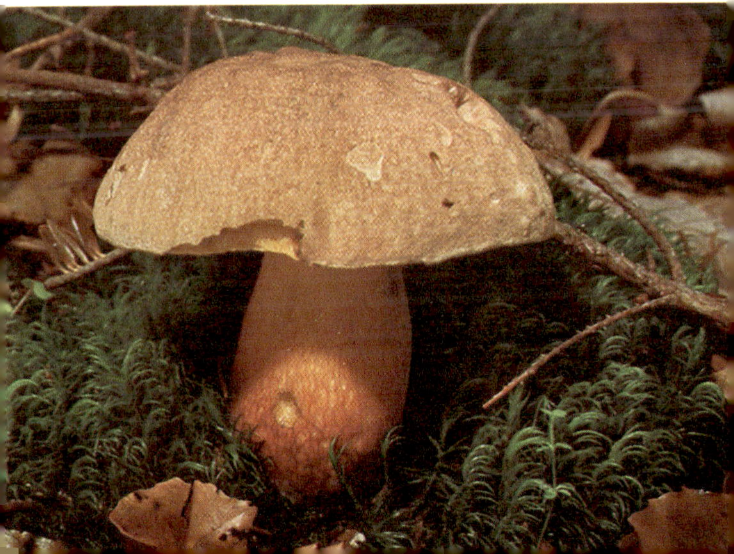

89 Flockenstieliger Hexenröhrling, Schusterpilz Eßbar
Boletus erythropus Fr.

Hut: 6–15(–20) cm, dunkelbraun, feinsamtig, im Alter etwas heller und kahl; zuerst halbkugelig, dann polsterförmig.

Röhren: hellgelb bis gelbgrün. Poren orangerot bis blutrot, bei Berührung sofort schwarzblau fleckend, rundlich, eng.

Stiel: auf gelbem Grund mit orangeroter bis karminroter, kleinflockiger Punktierung (kein Adernetz), auf Druck blaufleckend; anfangs dickbauchig, später keulig gestreckt.

Fleisch: sattgelb, beim Durchschneiden sofort grün, dann dunkelblau verfärbend, später ausblassend, fest.

Sporen: spindelig, 11–19/4,5–7 µm. Staub olivbraun.

Vorkommen: Mai–November. Laub- und Nadelwald.

Wert: sehr guter, festfleischiger und wenig madenanfälliger Speisepilz. Roh giftig, muß daher gut durchgekocht werden. Die blaue Verfärbung verschwindet beim Kochen.

Verwechslungsmöglichkeiten: siehe Nr. 92 unten.

90 Netzstieliger Hexenröhrling Bedingt eßbar
Boletus luridus Fr.

Hut: 6–15(–20) cm, sehr unterschiedlich in der Farbe: olivgelb bis olivbraun oder braun, oft am Rand rosa bis ziegelrötlich, sogar ganzer Hut mit roter Färbung. Anfangs halbkugelig, dann polsterförmig, feinfilzig bis glatt.

Röhren: gelb bis olivgrün. Poren orangerot bis purpurrot, im Alter olivgrün, bei Berührung blauend, rundlich, eng.

Stiel: auf gelbem bis orangegelbem, unten oft rotem Grund mit rotem, grobem Adernetz, anfangs dickbauchig, später gestreckt.

Fleisch: blaßgelblich, rasch blauend, im Stielgrund weinrot.

Sporen: spindelig, 9–17/5–7 µm. Staub olivbraun.

Vorkommen: Juni–Oktober. Laub- und Nadelwald, kalkliebend.

Wert: guter Speisepilz, aber nicht immer bekömmlich. Roh giftig, daher gut durchkochen, eventuell vorher abbrühen.

Verwechslungsmöglichkeiten: siehe Nr. 92 unten.

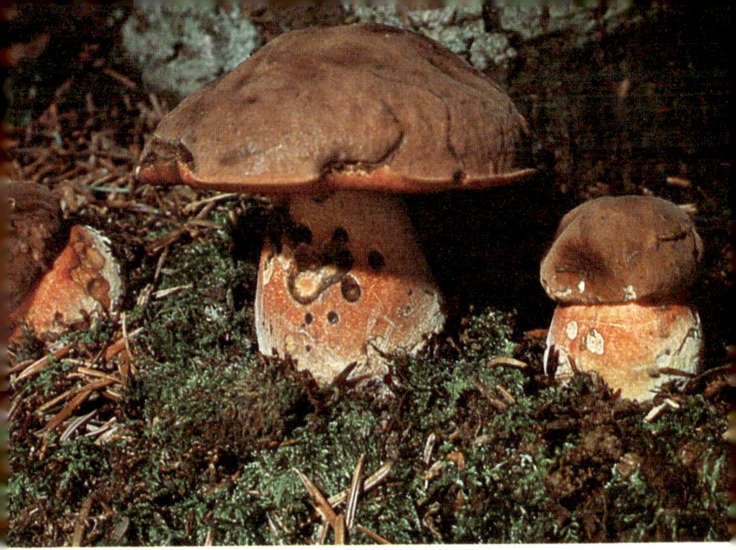

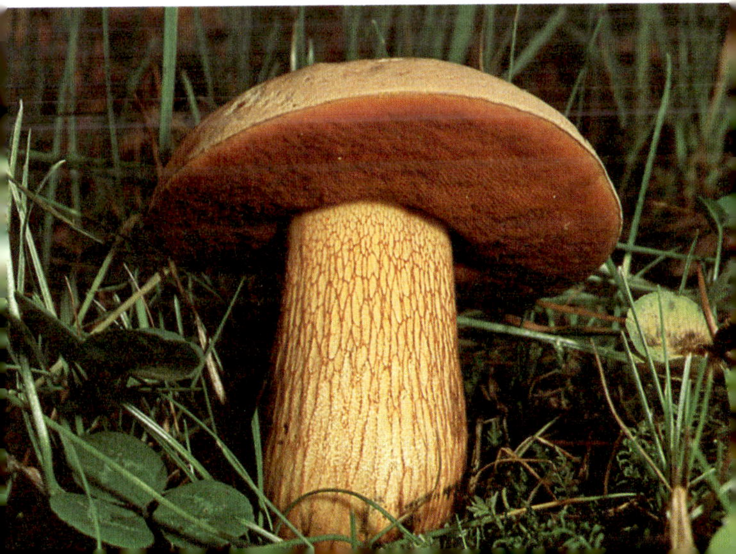

91 Glattstieliger Hexenröhrling Seltenheit!

Boletus queletii Schulz

Hut: 5–15 cm, Farbe stark variierend: olivgelb, olivbraun, orangebraun, ziegelrot, sogar purpurrot, feinfilzig, später verkahlend und dann oft leicht schleimig; erst halbkugelig, dann gewölbt, zuletzt ganz flach, wenig druckempfindlich.

Röhren: gelb bis olivgelb. Poren zuerst gelb, dann orange mit oft gelb bleibender Randzone, zuletzt olivgelb, stark blauend.

Stiel: oben gelb, unten rot oder ganz gelb (wie das abgebildete Exemplar), feinflockig, ohne Netz, bauchig bis zylindrisch.

Fleisch: gelb, blau anlaufend, in der Stielbasis dunkelrot.

Sporen: spindelig, 10–17/5–8 µm. Staub oliv.

Vorkommen: Mai–Oktober. Laubwälder.

Wert: gekocht ungiftig, sollte als Seltenheit geschont werden.

Verwechslungsmöglichkeiten: siehe Nr. 92 unten.

92 Weinroter Purpurröhrling Seltenheit!

Boletus satanoides Smotlacha

Hut: 6–12(–15) cm, zuerst hellgraubraun bis hellbraun, feinsamtig, dann mit rosa Flecken, zuletzt verkahlend und ganz rosa bis rot werdend; anfänglich halbkugelig, dann polsterförmig.

Röhren: gelb, dunkelblau verfärbend. Poren karminrot.

Stiel: prächtig purpurrot mit Adernetz, oft stellenweise mit gelber Grundfarbe, dickknollig bis keulig. Basis oliv.

Fleisch: blaßgelb, hellblau verfärbend, in der Basis braunrot.

Sporen: schmal mandelförmig, 10–16/5–6,5 µm. Staub olivbraun.

Vorkommen: Sommer–Herbst. Laub- und Nadelwald.

Wert: unbekannt; als Seltenheit zu schonen.

Die Hexenröhrlinge (Nrn. 89–91), zu denen sich auch der Weinrote Purpurröhrling zählen läßt, können untereinander verwechselt werden. Ähnlich ist auch der in diesem Buch nicht abgebildete, giftige **Satansröhrling,** *Boletus satanas Lenz,* der im folgenden näher beschrieben ist:

Hut: 6–25 (–32) cm, weißlich bis hellgrau oder blaß graugelblich, schwach filzig, im Alter ockerfarbig, meist mit grünlichem Schimmer, verkahlend, bei Trockenheit bisweilen rissig; anfänglich halbkugelig, dann polsterförmig bis ausgebreitet, oft verbogen, dickfleischig.

Röhren: hellgelb bis grüngelb. Poren fein, zuerst gelb dann bald karminrot bis purpurrot, im Alter ausblassend, auf Druck grünblau verfärbend.

Stiel: Spitze gelb, in der Mitte rot mit blutrotem, feinmaschigem, oft undeutlichem Adernetz; kurz und dickbauchig.

Fleisch: weißlich bis blaßgelblich, schwach blauend; jung fest, im Alter schwammig und widerlich aasartig riechend.

Sporen: spindelig, 10–16/5–7 µm. Staub olivgrün.

Vorkommen: Juni bis September, gesellig am Rand von lichten Laubwäldern auf Kalk, wärmeliebend, meist selten.

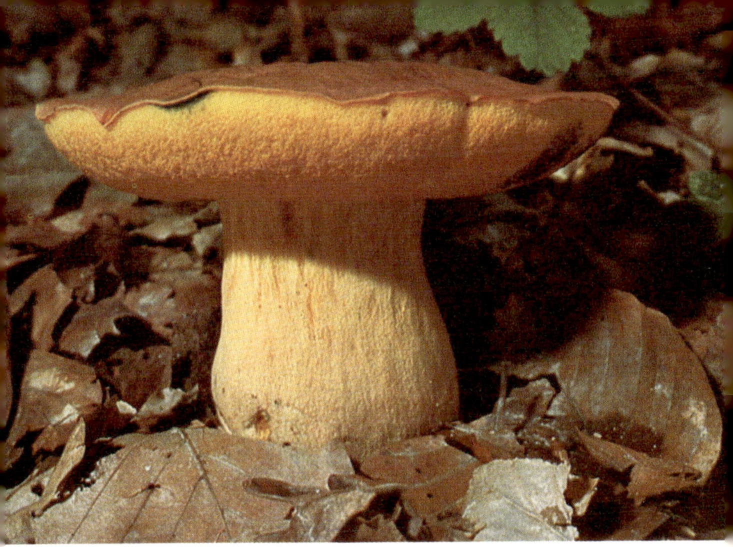

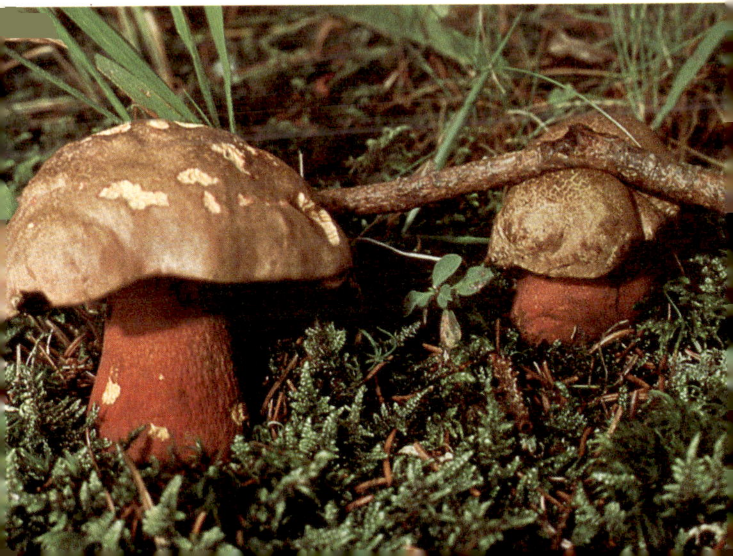

93 Steinpilz

Eßbar

Boletus edulis Bull. ex Fr.

Hut: 8–20(–30) cm, jung oft fast weiß, dann hell- bis dunkelbraun, anfänglich weiß bereift, dann kahl und glatt, bei feuchter Witterung schmierig. Jung fast kugelig, dann polsterförmig bis flach gewölbt. Oberhaut nicht abziehbar.

Röhren: erst weiß, dann grünlichgelb, schließlich olivgrün, 1–3 cm lang, vom Hutfleisch leicht lösbar, nicht verfärbend. Poren gleichfarbig, eng.

Stiel: blaßbräunlich mit weißem Adernetz (besonders ausgeprägt an der Stielspitze), erst fast kugelig, dann keulenförmig, sehr dick, im Alter bisweilen zylindrisch.

Fleisch: unveränderlich weiß, unter der Oberhaut rötlichbraun, anfänglich fest, später schwammig, mit angenehmem, mildem, nußartigem Geschmack.

Sporen: spindelig, 13–17/3,5–6 µm. Staub olivbraun.

Vorkommen: Juni–Oktober. Nadel- und Laubwald, Weiden, häufig.

Wert: vorzüglicher, beliebter, aber sehr madenanfälliger Speisepilz. Besonders geeignet zum Trocknen, wobei sich erst das typische ‹Steinpilzaroma› entwickelt.

Verwechslungsmöglichkeit: junge Gallenröhrlinge (Nr. 95) können dem Steinpilz sehr ähnlich sein. In Zweifelsfällen ist eine Kostprobe zu empfehlen.

94 Rothütiger oder Kiefernsteinpilz

Eßbar

Boletus pinicola Vitt.

Hut: rotbraun bis tief purpurbraun, jung oft violett bereift.

Stiel: braunfuchsig, stark genetzt, bauchig aufgetrieben; in den übrigen Kennzeichen wie Nr. 93.

Vorkommen: oft schon im Mai, Kiefern- und Fichtenwälder.

Wert: dem gewöhnlichen Steinpilz ebenbürtig.

Der in Laubwäldern vorkommende, ebenfalls eßbare Sommersteinpilz, *Boletus aestivalis Paulet ex Fr.,* unterscheidet sich von Nr. 93 und Nr. 94 durch seine hellbraune, feinfilzige, oft aufreißende Hutoberfläche. Erscheinungszeit: Mai–Juli.

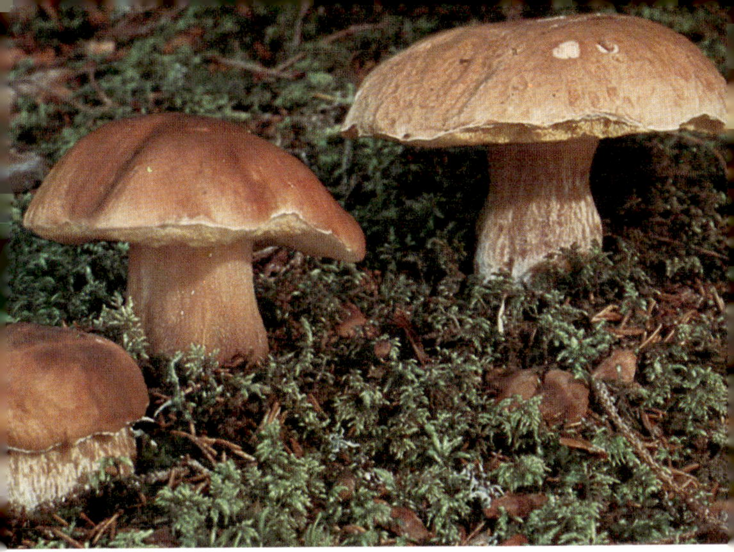

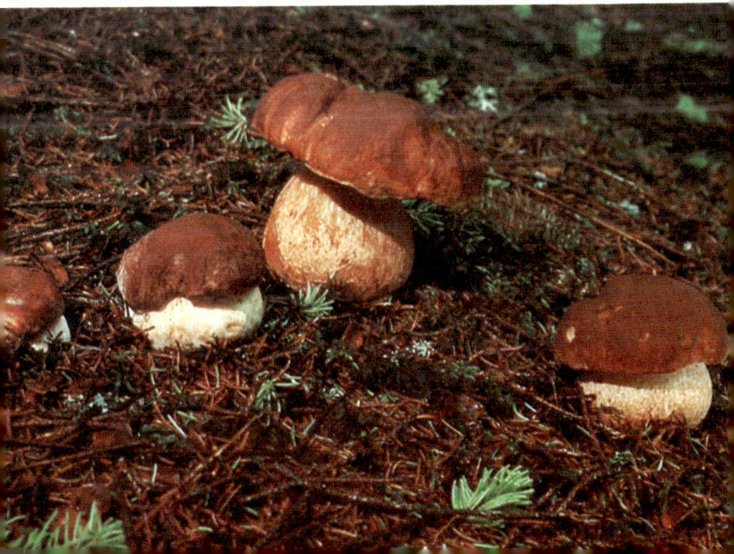

95 Gallenröhrling   Ungenießbar

Tylopilus felleus (Bull. ex Fr.) Karst.

Hut: 5–14(–25) cm, hell- bis dunkelbraun, auch gelb- bis rötlichbraun, feinfilzig, bei Nässe bisweilen leicht schmierig, bei Trockenheit am Rand oft eingerissen; halbkugelig bis flach ausgebreitet. Oberhaut schwer abziehbar.

Röhren: zuerst weiß, dann schmutzigrosa, kissenförmig vorgewölbt. Poren gleichfarbig oder mehr creme, oft rostfleckig.

Stiel: hellbraun, mit dunklerem, erhabenem, grobmaschigem Adernetz, anfänglich knollig, später zylindrisch.

Fleisch: weiß, schwach rosa verfärbend, gallenbitter schmeckend.

Sporen: spindelig, 10–15/4–6 µm. Staub schmutzigrosa.

Vorkommen: Juni–Oktober. Nadelwald, häufig.

Schon mancher Pilzfreund hat im wahrsten Sinne des Wortes ‹bittere› Erfahrungen mit dem Gallenröhrling gemacht. Dieser Doppelgänger des Steinpilzes ist völlig ungiftig; es genügt aber ein einzelnes Exemplar, um ein ganzes Steinpilzgericht zu verderben.

96 Birkenröhrling, Kapuziner   Eßbar

Leccinum scabrum (Bull. ex Fr.) S.F. Gray

Hut: 5–12 cm, hell- bis dunkelbraun, graubraun, rötlichbraun, meist kahl, bei Nässe schmierig; halbkugelig bis polsterförmig, mit schmalem, überhängendem Hutrand, weich.

Röhren: jung weißlich, später grau, bisweilen grünlichgrau, kissenförmig, sehr lang. Poren gleichfarbig, eng.

Stiel: schlank und hoch, weiß, mit dunkelbraunen, reihig angeordneten Schüppchen besetzt, rauh.

Fleisch: weiß, so bleibend oder langsam blaßrosa anlaufend.

Sporen: spindelig, 13–20/5–6 µm. Staub braun.

Vorkommen: Juni–Oktober. Ausschließlich unter Birken, im Wald, auf Heiden und Torfmooren, einzeln oder gesellig.

Wert: jung guter Speisepilz, alt matschig, schleimig.

Verwechslungsmöglichkeit: Hainbuchenröhrling, *Leccinum griseum (Quél.) Sing.*, eßbar; äußerlich sehr ähnlich, Fleisch aber rasch rötend, später schwärzend.

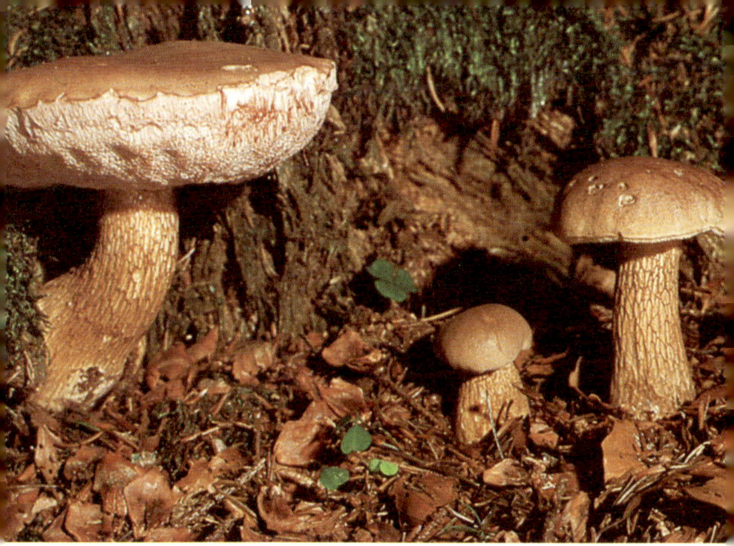

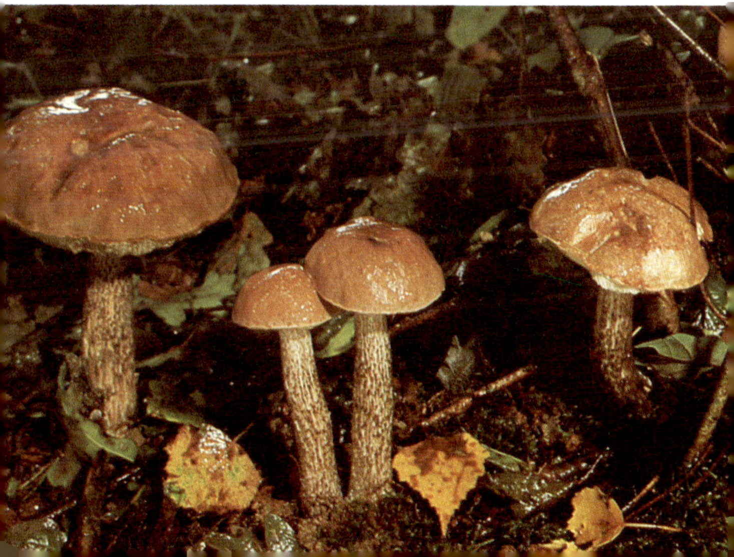

97 Rotkappe, Rothautröhrling   Eßbar

Leccinum aurantiacum (Bull. ex Fr.) S. F. Gray

Hut: 7–20(–25) cm, orangerot bis braunrot, feinfilzig, trocken, bei Nässe bisweilen leicht schmierig; kugelig (wie ein Zündholzkopf auf dem Stiel sitzend) bis polsterförmig. Huthaut nicht abziehbar, am Rand überstehend, jung eingeschlagen.

Röhren: weißlich, im Alter blaßgrau bis blaßolivgrau und ziemlich lang, vom Stiel scharf getrennt, schwärzend. Poren gleichfarbig, eng.

Stiel: kräftig, festfleischig, hoch, weiß, mit zuerst weißlichen, dann braunen Schüppchen besetzt.

Fleisch: weiß, rasch grauviolett, purpurgrau bis fast schwarz anlaufend, anfänglich sehr fest, später weich.

Sporen: spindelig, 13–17/4–5 µm. Staub olivbraun.

Vorkommen: Juni–Oktober. Laubwald, besonders unter Zitterpappeln, Hainbuchen und Eichen, gesellig, ortshäufig.

Wert: ausgezeichneter Speisepilz. Die Verfärbung verschwindet nicht beim Kochen.

Verwechslungsmöglichkeit: Die sehr ähnliche, ebenfalls eßbare Heide-Rotkappe, *Leccinum testaceo-scabrum (Secr.) Sing.,* hat einen orange-gelben bis gelbbraunen Hut und einen weißen, mit schwarzen Schüppchen besetzten Stiel. Sie wächst vor allem unter Birken.

In diesem Buch sind 21 Röhrlingsarten abgebildet. Man unterscheidet in Mitteleuropa etwa 60 verschiedene Röhrlinge. Giftig ist nur eine Art, nämlich der seltene Satansröhrling (siehe Nr. 92 unten). Einige Arten sind ungenießbar (Nrn. 77, 78, 82, 88 und 95).

98   Schafporling, Schafeuter   Eßbar
Scutiger ovinus (Schff. ex Fr.) Bond. et Sing.
Hut: 5–10 cm, fast weiß, graugelblich bis bräunlich, glatt, später rissig
bis felderig aufreißend, bei Einzelwuchs ziemlich regelmäßig, bei ge-
drängtem Wuchs verbogen, gelappt.
Röhren: weiß bis gelblich, sehr kurz (1–3 mm), am Stiel herablaufend.
Poren weiß, sehr eng (oft kaum sichtbar), bei Berührung gelbfleckend.
Stiel: weiß, kurz und dick, meist mittelständig.
Fleisch: weiß, oft gilbend, derb und brüchig.
Sporen: fast kugelig, 3,5–4,5/3–3,5 µm. Staub weiß.
Vorkommen: Juli–Oktober. Nadelwälder, ortshäufig.
Wert: eßbar, im Alter oft bitter und madig.
Verwechslungsmöglichkeit: Semmelporling, *Scutiger confluens (Alb. u.
Schw. ex Fr.) Bond. et Sing.,* eßbar (Hüte semmelgelb, zu 5–12 Stück aus
einem gemeinsamen, verzweigten Stiel wachsend).

99   Schuppenporling   Jung eßbar
Polyporus squamosus (Huds. ex Fr.) Fr.
Hut: 10–40(–60) cm, auf ockergelbem Grund mit angedrückten, braunen
Schuppen bedeckt; fächerförmig, bisweilen fast kreisrund, im Alter trich-
terig vertieft.
Röhren: blaß schmutziggelblich, kurz, herablaufend. Poren gleichfarbig,
im Alter weit und eckig, oft zerschlitzt.
Stiel: zuerst ± zentral, dann exzentrisch oder randständig, kurz und dick,
oben genetzt, unten schwarzbraun.
Fleisch: weiß, im Alter zäh, mit süßlichem Geruch.
Sporen: lang-elliptisch, 10–14/4–5 µm. Staub weiß.
Vorkommen: Mai–Oktober. An lebenden und abgestorbenen Laubbäumen,
vor allem an Weiden und Pappeln.
Wert: ganz jung genießbar, aber nicht schmackhaft.

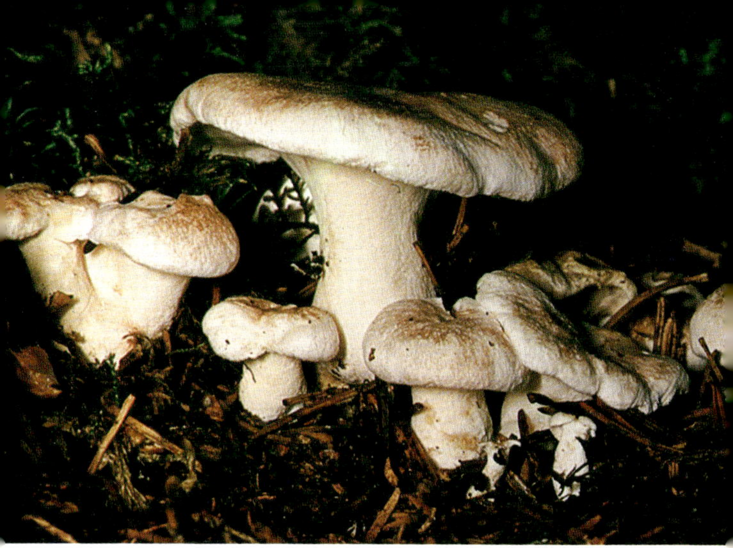

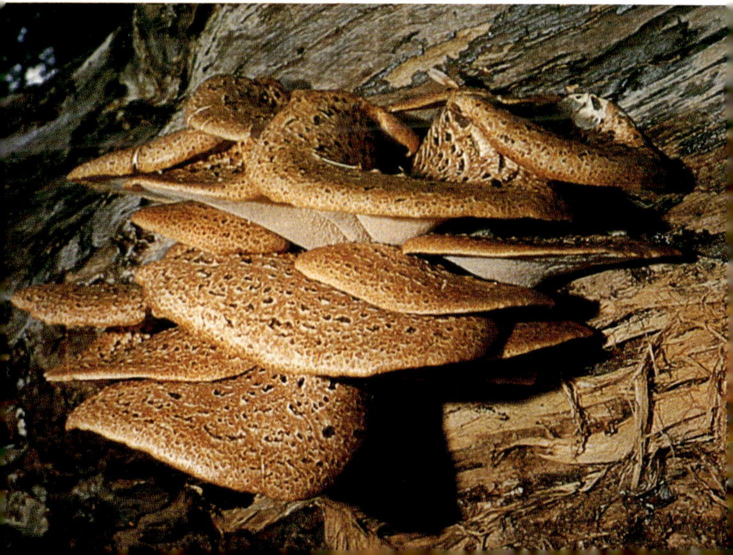

100 Eichhase

Eßbar

Grifola umbellata (Pers. ex Fr.) Pilát

Fruchtkörper: aus dem gemeinsamen, dicken Strunk entspringen mehrere bis 30 cm lange, blasse, verzweigte Äste, die bis zu 300 Hüte tragen. Gewicht bis 4 kg.

Hüte: 2–5 cm, gelbbraun bis graubraun, angedrückt feinschuppig, gewölbt, später nabelig vertieft.

Röhren: weiß, weit herablaufend. Poren weiß, jung sehr fein.

Fleisch: weiß, jung weich und saftig, mit schwachem Fenchelgeruch, im Alter brüchig und widerlich riechend.

Sporen: fast zylindrisch, 7–10/2,5–4 µm. Staub weiß.

Vorkommen: Juli–Oktober. Am Grund alter Eichen und Buchen und deren Stümpfen, nicht häufig.

Wert: guter Speisepilz, zum Trocknen geeignet.

Verwechslungsmöglichkeit: Laubporling, *Grifola frondosa (Dicks. ex Fr.) S.F.Gray,* eßbar. Strunk ebenfalls verästelt mit vielen, nicht kreisrunden, vielmehr fächerartigen, etwas größeren Einzelhüten. Am Grund von Eichen.

101 Riesenporling

Jung eßbar

Meripilus giganteus (Pers. ex Fr.) Karst.

Fruchtkörper: bis 140 cm im Durchmesser. Aus einem gemeinsamen, dicken, wurzelnden Strunk erheben sich mehrere fächerförmige oder breit zungenförmige Einzelhüte, die hell gelbbraun, später dunkler gefärbt und mehr oder weniger deutlich gezont sind. Hutränder im Alter schwarz werdend.

Röhren: weiß bis blaßgelb, am Strunk herablaufend. Poren zuerst schmutzigweiß, dann braun, bei Berührung schwärzend.

Fleisch: weiß, zuerst rötlich, dann schwärzlich anlaufend, zäh.

Sporen: fast kugelig, 4,5–6/4–5,5 µm. Staub weiß.

Vorkommen: August–Oktober. An Laubholzstümpfen, besonders an Buchen.

Wert: jung eßbar, aber nicht schmackhaft, zäh.

Der Riesenporling ist die größte europäische Pilzart überhaupt. Man hat schon Fruchtkörper mit einem Gewicht von 50–70 kg gefunden.

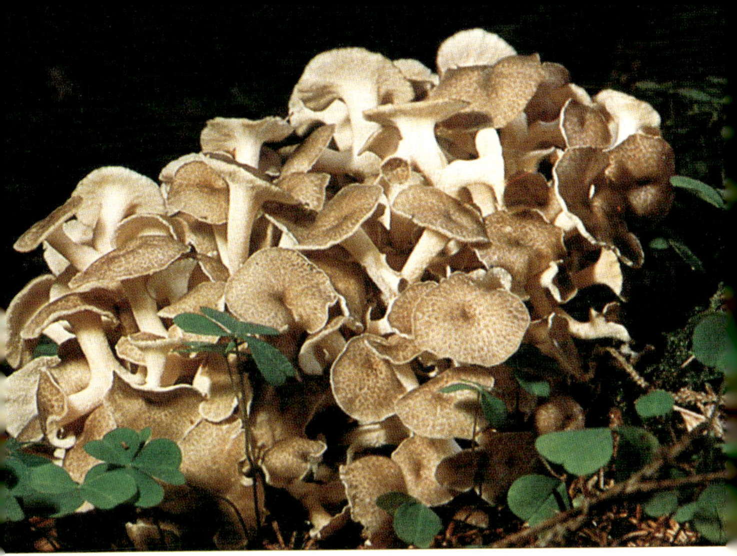

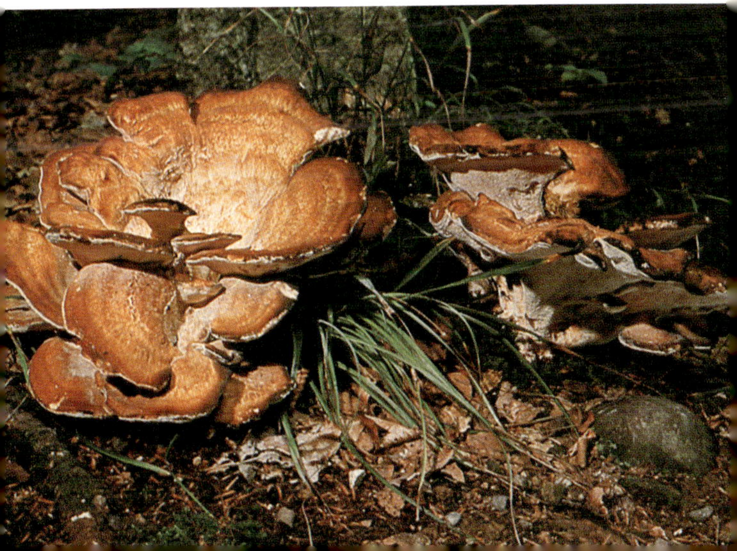

102 Schwefelporling

Jung eßbar

Laetiporus sulphureus (Bull. ex Fr.) Bond. et Sing.

Fruchtkörper: anfangs rotgelb, dann orange-schwefelgelb, vielgestaltig, anfangs knollenförmig, später aus einzelnen bis sehr vielen konsolenförmigen, wellig verbogenen, aber am Grunde miteinander verbundenen, übereinander angeordneten, 10–30 cm großen Einzelhüten bestehend. Kann bis 1 m große Aggregate bilden.

Röhren: schwefelgelb, kurz. Poren gleichfarbig, eng.

Fleisch: gelb, später ausblassend, jung weich und saftig, im Alter hart und zäh werdend.

Sporen: elliptisch, 5–7/3,5–4,5 µm. Staub weiß.

Vorkommen: Mai–September. An lebenden und abgestorbenen Laubbäumen, auch an Obstbäumen. Gefährlicher Parasit.

Wert: jung eßbar; man verwende vor allem die saftreichen Randzonen. Nach Abbrühen in Salzwasser besonders zum Braten geeignet.

103 Birkenporling

Jung eßbar

Piptoporus betulinus (Bull. ex Fr.) Karst.

Fruchtkörper: jung als kleine, weiße Kugel aus dem Holz hervorbrechend, später kissen- bis nierenförmig, gebuckelt, hinten stielartig zusammengezogen, 8–20 cm breit. Huthaut zuerst weiß, dann graubraun oder ockerfarbig, kahl, im Alter oft rissig, in Streifen abziehbar. Rand heller und jung eingerollt.

Röhren: weiß, kurz, an Druckstellen dunkler verfärbend. Poren weiß, später mehr grau, eng.

Fleisch: rein weiß, anfangs saftig, zuletzt korkartig.

Sporen: schmal-elliptisch, 4,5–6/1–2 µm. Staub weiß.

Vorkommen: Juli–Oktober. An lebenden und abgestorbenen Birken, besonders an feuchten Standorten, nie an Strünken. Befällt nur kranke Bäume.

Wert: jung eßbar.

104 Echter Zunderporling   Ungenießbar
Fomes fomentarius (L. ex Fr.) Kickx
Fruchtkörper: 10–40 cm breit und 10–20 cm hoch, hufförmig bis konsolenförmig. Oberfläche von einer in der Jugend weißlichen bis blaßgrauen,
später grauen bis schwarzgrauen, gezonten, harten, 1–2 mm dicken
Kruste überzogen. Rand (Zuwachszone) wulstig, braun, feinfilzig. Fruchtkörper mehrjährig (max. 20jährig).
Röhren: rostbraun, in mehreren, 0,5–1 cm dicken Jahresschichten über-
einanderliegend, sehr hart. Poren zuerst weißlich, später hellbraun bis
grauocker, sehr eng.
Substanz: gelbbraun, faserig, weich und zugleich zäh. Im Schnitt ist an
der Anwuchsstelle ein halbkugeliger, marmorierter, sog. Mycelialkorn
erkennbar.
Sporen: lang-elliptisch, 15–20/5–7 µm. Staub gelblich.
Vorkommen: ganzjährig, befällt vor allem geschädigte Buchen. In Gegenden mit intensiver Forstwirtschaft selten.
Wert: früher von großer Bedeutung. Die Substanz diente zur Herstellung
des Zunders.
Verwechslungsmöglichkeit: Falscher Zunderporling (Nr. 105).

105 Falscher Zunderporling, Feuerschwamm   Ungenießbar
Phellinus igniarius (L. ex Fr.) Quél.
Fruchtkörper: 10–25 cm breit und 4–10 cm dick, hufförmig bis konsolen-
förmig, mit steinharter, gezonter, grauschwarzer, meist stark rissiger
Rinde bedeckt. Rand (Zuwachszone) dickwulstig, zuerst zimtbraun, später
hellgrau. Fruchtkörper mehrjährig, im Aussehen stark variierend.
Röhren: zimtbraun, holzhart, mehrschichtig. Poren gleichfarbig, anfangs
grauweiß bereift, sehr eng.
Substanz: dunkel rotbraun, holzhart.
Sporen: fast kugelig, 5–6/4–5 µm. Staub braun.
Vorkommen: ganzjährig, als Parasit an Laubbäumen, besonders an
Weiden und Obstbäumen.

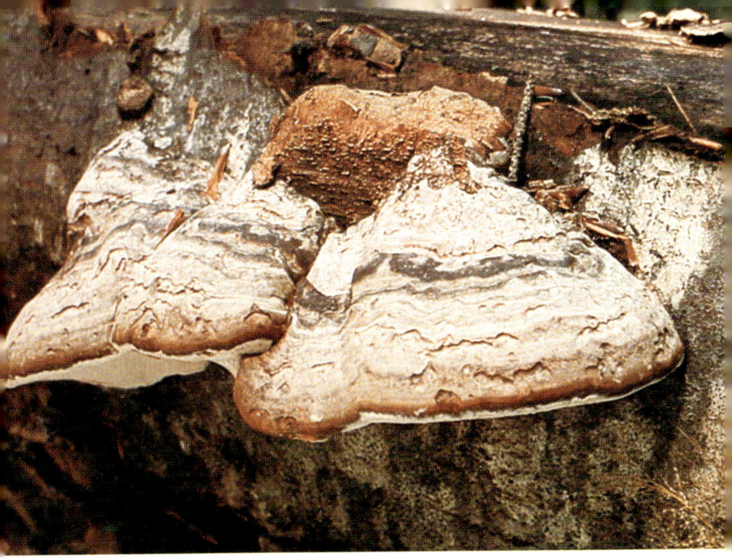

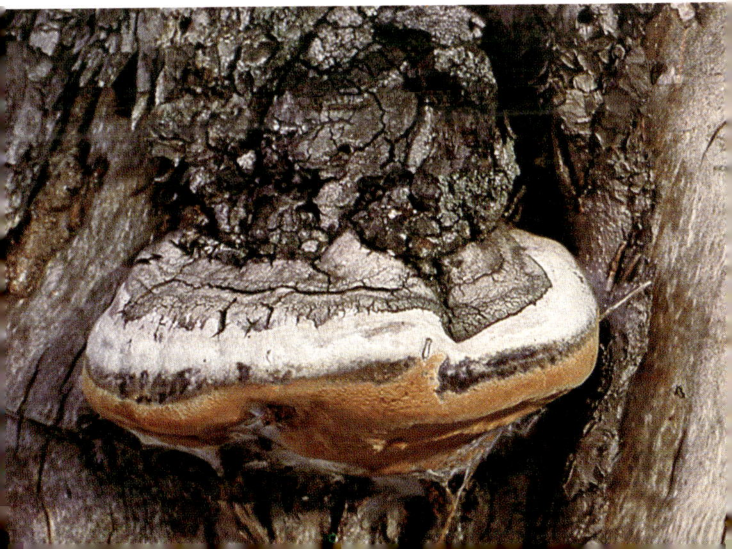

106 Rotrandiger Porling, Fichtenporling   Ungenießbar
Fomitopsis pinicola (Swartz ex Fr.) Karst.
Fruchtkörper: 10–30 cm breit und sehr hoch, hufförmig bis konsolenförmig, mit dunkelgrauer, konzentrisch gefurchter, holzartiger Rinde bedeckt. Rand zinnoberrot bis braunrot, harzig-klebrig. Einjährige Fruchtkörper völlig gelb, orange bis zinnoberrot, glänzend, klebrig.
Röhren: blaßbräunlich, hart, mehrschichtig. Poren weißlich bis blaßbräunlich, sehr eng.
Substanz: hell holzfarbig, korkig, hart, schwach gezont.
Sporen: elliptisch, 6–8/3,5–4 µm. Staub weißgelblich.
Vorkommen: ganzjährig, an Nadelholz (vor allem Fichte), auch an verschiedenen Laubhölzern, ziemlich häufig.

107 Flacher Lackporling   Ungenießbar
Ganoderma applanatum (Pers. ex Wallr.) Pat.
Fruchtkörper: 10–30 cm breit, waagrecht vom Holz abstehend, flach, Oberseite braun, höckerig, zonig gefurcht, meist mit zimtbraunem, bei Berührung abfärbendem Staub bedeckt. Fruchtkörper mehrjährig.
Röhren: zimtbraun, in mehreren Jahresschichten. Poren sehr eng, weiß, bei Berührung und im Alter braun werdend.
Substanz: zuerst weichfaserig, dann korkig-zäh, zimt- bis dunkelbraun, im Alter oft mit weißen Flecken und Streifen.
Sporen: kurz-elliptisch, 7–8/5–6 µm. Staub braun.
Vorkommen: ganzjährig, an Laubholz, vor allem Buchen und Pappeln, seltener an Nadelholz.

108 Rötende Tramete   Ungenießbar
Trametes confragosa (Bolt ex Fr.) Joerst.
Fruchtkörper: 5–12 cm breit, 1–1,5 cm dick, halbkreisförmig, mit scharfer Hutkante. Oberseite jung weiß, bei Berührung rötend, dann rötlichbraun, kahl, meist konzentrisch gezont, im Alter stellenweise oder ganz dunkel weinrot werdend. Fruchtkörper einjährig.
Röhren: blaß korkfarbig, im Hutfleisch eingesenkt. Poren zuerst blaßgrau, bei Druck fleischrötlich anlaufend, dann hell rötlichbraun, ziemlich weit und meist radial gestreckt, bisweilen sogar lamellenförmig ausgebildet.
Substanz: zuerst weißlich, später blaßbräunlich bis schmutzigrötlich, korkig-holzig, schwach gezont.
Sporen: zylindrisch, gekrümmt, 7–10/2–2,5 µm. Staub fast weiß.
Vorkommen: ganzjährig, an lebendem oder totem Laubholz, besonders in Flußauwäldern, häufig.

109 Schmetterlingsporling, Bunte Tramete   Ungenießbar
Trametes versicolor (L. ex Fr.) Pilát
Fruchtkörper: 5–8(–10) cm breit und 0,2–0,4 cm dick, halbkreisförmig oder fächerförmig, meist wellig verbogen, in Reihen dachziegelig übereinander oder rosettenartig angeordnet, oft seitlich miteinander verwachsen. Oberfläche feinsamtig, seidig glänzend, mit schmalen, konzentrischen, verschiedenfarbigen Zonen, die weißlich, gelblich, grau, braun, blaugrau, fast schwarz oder durch Algenbewuchs grünlich gefärbt sein können. Fruchtkörper einjährig.
Röhren: weißgelblich, sehr kurz. Poren gleichfarbig, eng.
Substanz: weiß, lederig, zäh.
Sporen: wurstförmig, 6–8/2–2,5 µm. Staub cremefarbig.
Vorkommen: ganzjährig, an Laubholzstümpfen, häufig.

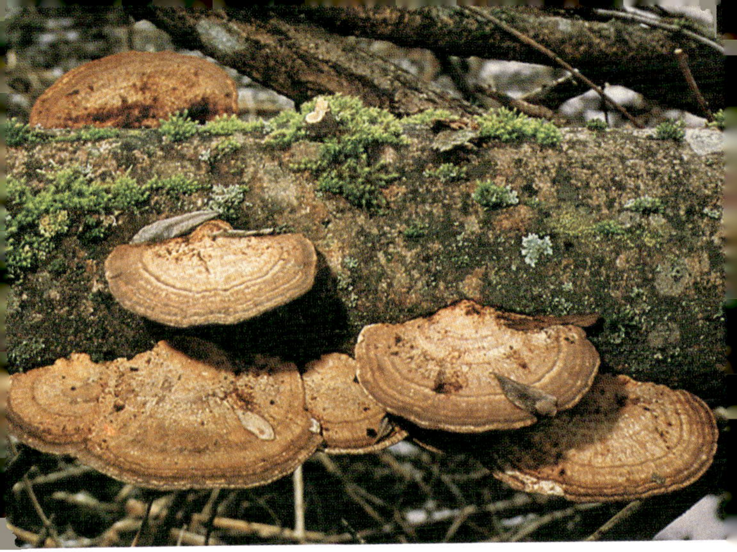

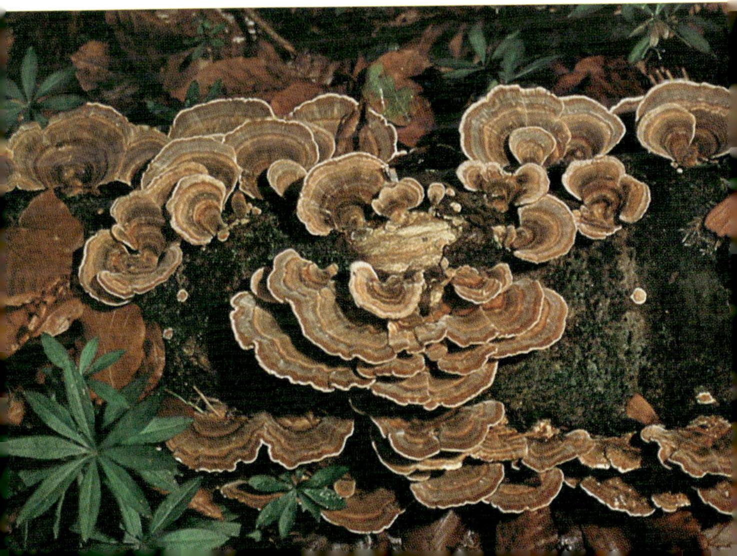

110 Eichenwirrling Ungenießbar

Trametes quercina (L. ex Fr.) Pilát

Fruchtkörper: 5–15 cm breit, 5–10 cm dick, unregelmäßig halbkreisförmig, oft mehrere miteinander verwachsen. Oberseite holzfarbig bis graubraun, runzelig, gezont. Fruchtkörper mehrjährig.

Fruchtschicht: blaß holzfarbig, schräg abfallend, aus millimeterbreiten, gestreckten, verschieden langen, gewundenen Kanälen zusammengesetzt.

Substanz: holzfarbig, korkartig.

Sporen: zylindrisch, 5,5–7,5/2,5–3,5 μm. Staub fast weiß.

Vorkommen: ganzjährig, an Eichenstümpfen und -stämmen.

111 Zinnoberrote Tramete Ungenießbar

Pycnoporus cinnabarinus (Jacq. ex Fr.) Karst.

Fruchtkörper: 3–10 cm breit, 0,5–2 cm dick, anfangs orangegelb, dann orange bis zinnoberrot, im Alter ausblassend, unregelmäßig halbkreisförmig, undeutlich gezont, flaumig. Fruchtkörper einjährig (selten zweijährig).

Röhren: zinnoberrot, im Hutfleisch eingesenkt. Poren prächtig zinnoberrot bis feuerrot.

Substanz: zinnoberrot, lederig-korkig.

Sporen: zylindrisch, 5–6/2–2,5 μm. Staub weiß.

Vorkommen: ganzjährig, an toten Stämmen und Stümpfen verschiedener Laubbäume, vor allem Buche, Birke und Wilde Kirsche, ziemlich selten.

Das nebenstehende Bild zeigt einen Fruchtkörper, der scheinbar von mehreren Grashalmen durchbohrt ist. Die hartfleischigen Porlinge können eigenartigerweise sich ihnen entgegenstellende Hindernisse, wie Grashalme, Pflanzenstengel, Zweige usw., nicht beiseite schieben. Der sich ausbreitende Porling schließt die Fremdkörper einfach ein. Im Gegensatz dazu entwickeln die weichfleischigen Lamellenpilze und Röhrlinge oft erstaunliche Kräfte, indem sie Erdschollen, Äste und kleinere Steine heben oder wegschieben können.

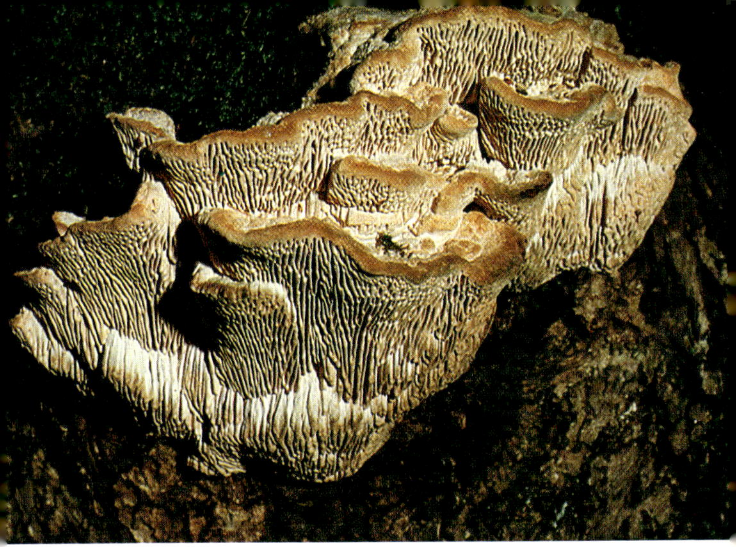

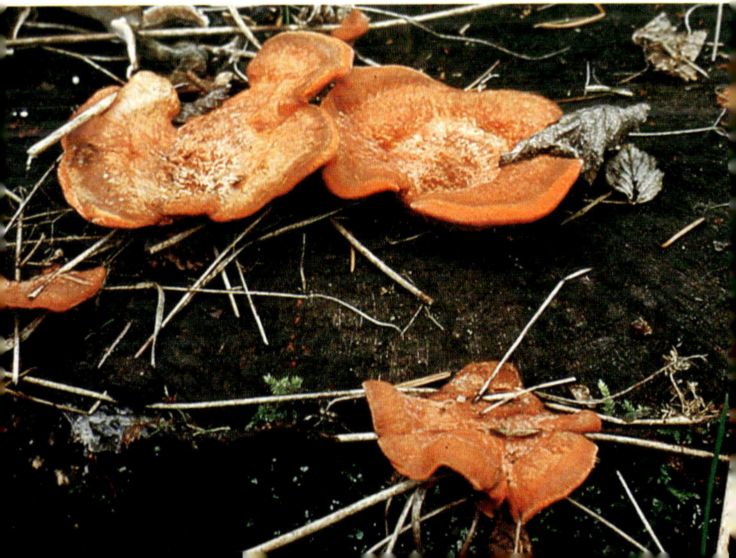

112 Fleischigzottiger Rostporling, Pelzporling   Ungenießbar
Inonotus hispidus (Bull. ex Fr.) Karst.
Fruchtkörper: 10–30 cm breit, dickfleischig, konsolenförmig. Oberseite rotgelb bis braunrot, samtig bis zottig-borstig.
Röhren: gelb bis orangegelb, 1–3 cm lang. Poren gelb, später rostbraun, eng, oft Wassertropfen ausscheidend.
Substanz: gelb bis rotbraun, zuerst saftig, alt zäh.
Sporen: eiförmig, 7,5–12/6–9 µm. Staub gelbbräunlich.
Vorkommen: Juli–Oktober. Als Parasit an Laubbäumen, besonders Apfelbäumen, kurzlebig.

113 Echter oder Tränender Hausschwamm   Bauschädling
Serpula lacrymans (Schum. ex Fr.) Gray
Fruchtkörper: bis 1 m große und etwa 1 cm dicke, auf dem Substrat aufliegende, leicht ablösbare Platten. Mitte rostbraun mit einem Netzwerk von erhöhten, wellig verbogenen Falten (= Fruchtschicht). Rand weiß, wollig, oft milchigtrübe Flüssigkeitstropfen ausscheidend.
Fleisch: wachsartig, wäßrig.
Sporen: mandelförmig, 8,5–11/4,5–6 µm. Staub rostbraun.
Vorkommen: nur im Innern von Gebäuden, meist an versteckten, finsteren, vor Zugluft geschützten Stellen. Gefährlicher Bauschädling.

Der Hausschwamm ist der Schrecken aller Hausbesitzer. Der Pilz befällt primär nur feuchtes Holzwerk. Der Hausschwammbefall ist also die Folgeerscheinung eines vorhandenen Bauschadens oder Baufehlers (Eindringen von Wasser). Später kann der Pilz das nötige Wasser über das sogenannte Strangmycel von meterweit entfernten Stellen zu den Fruchtkörpern transportieren. Er ist dann befähigt, vom Primärherd aus auch auf trockenes Bauholz überzugreifen. Hohlräume mit annähernd wasserdampfgesättigter, unbewegter Luft sind besonders anfällig für Hausschwamm-Infektionen. Der Pilzbefall wird meist sehr spät erkannt, da der Hausschwamm fast immer an versteckten Stellen auftritt. Befallenes Holz wird innerhalb weniger Monate in eine würfelig-rissige, leicht zerbröckelnde Masse umgewandelt. Der Schwamm kann ganze Gebäudeteile zum Einsturz bringen.
Der Hausschwamm ist oft schwer zu bestimmen, da er sehr verschieden gestaltete Fruchtkörper ausbildet. Daneben sind noch verschiedene Mycelformen zu beobachten, nämlich weißes oder gelbes, watteartiges Luftmycel, graues, papierartiges Flächenmycel (siehe Abb. unten) und schnurartiges Strangmycel.
Vom Hausschwamm befallene Gebäude verlangen umfassende Sanierungsmaßnahmen. Das befallene Holzwerk muß restlos herausgerissen und wegen der Verschleppungsgefahr sofort verbrannt werden. Das neue Bauholz sollte mit einem chemischen Schwammbekämpfungsmittel imprägniert werden. Für ein befallenes und anschließend saniertes Gebäude besteht auf Jahre hinaus die Gefahr, daß sich irgendwo wieder neue Herde bilden.
Im Innern von Gebäuden können auch andere Pilzarten auftreten. *E. Nüesch* hat allein in der Stadt St. Gallen 83 verschiedene Pilzarten im Innern von Häusern nachgewiesen (siehe Literaturverzeichnis S. 182). Keine andere Art ist aber derart gefährlich wie der Echte Hausschwamm.

114 Semmel-Stoppelpilz   Eßbar

Hydnum repandum L. ex Fr.

Hut: 5–12(–15) cm, blaßgelblich, ockergelb bis blaß orangerötlich, un-regelmäßig wellig verbogen und gelappt. Oberhaut glatt, im Alter bis-weilen rissig, nicht abziehbar. Hüte und Stiele nebeneinanderstehender Exemplare oft verwachsen.

Fruchtschicht: dichtstehende, im Alter einige Millimeter lang werdende, sehr zerbrechliche Stacheln, heller als die Hutoberseite, am Stiel herab-laufend.

Stiel: etwas blasser als der Hut, kurz und dick, oft exzentrisch.

Fleisch: weißlich bis gelblich, brüchig. Geschmack zuerst mild, später leicht scharf, im Alter bitter.

Sporen: fast kugelig, 8–9/7 µm. Staub weiß.

Vorkommen: Juli–November. Laub- und Nadelwald.

Wert: jung eßbar, alt meist unangenehm bitter.

Verwechslungsmöglichkeiten: Eierpilz (Nr. 116), eßbar; Rötlicher Stoppel-pilz, *Hydnum rufescens Fr.* (nur bis 4 cm groß, rötlichgelb bis orange-rötlich, im übrigen wie Semmel-Stoppelpilz), eßbar.

115 Habichtspilz, Rehpilz   Eßbar

Sarcodon imbricatus (L. ex Fr.) Karst.

Hut: 6–20(–30) cm, braun, mit dunkleren, kreisförmig angeordneten, großen, abstehenden Schuppen; zuerst flach gewölbt mit eingerolltem Rand, später flach mit vertiefter Mitte.

Fruchtschicht: dichtstehende, zerbrechliche, bis 12 mm lange Stacheln, blaßgrau bis graubraun.

Stiel: blaßgrau bis bräunlich, kurz. Basis weißfilzig.

Fleisch: weißlich bis blaßbräunlich, fest, mit würzigem Geruch.

Sporen: fast kugelig, 6–7/5–6 µm. Staub braun.

Vorkommen: August–November. Nadelwälder, vor allem im Gebirge.

Wert: jung nach Abbrühen eßbar, aber nicht nach jedermanns Geschmack. Getrocknet und pulverisiert als Gewürzpilz verwendbar.

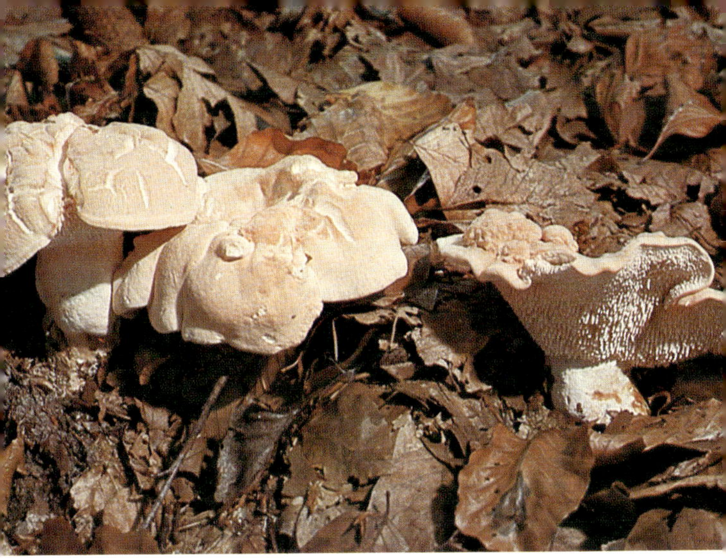

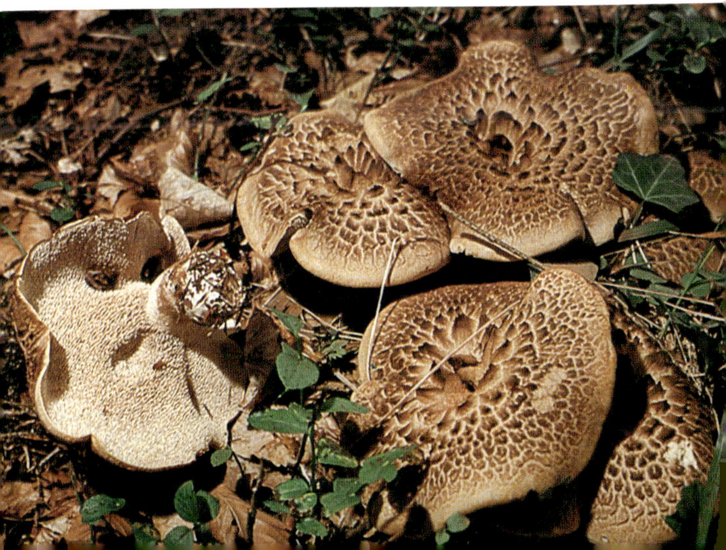

116 Eierpilz, Pfifferling

Eßbar

Cantharellus cibarius L. ex Fr.

Hut: 2–8 cm, dottergelb (im Buchenwald oft fast weiß), anfangs gewölbt mit eingerolltem Rand, dann kreisel- bis trichterförmig mit wellig-gelapptem bis flatterigem Rand, kahl.

Fruchtschicht: dottergelb, leistenartig, wiederholt gegabelt, oft netzig verbunden, am Stiel weit herablaufend.

Stiel: hellgelb bis dottergelb, nach oben verdickt und allmählich in den Hut übergehend.

Fleisch: gelblichweiß, gelb gerandet, fest, im Stiel längsfaserig, mit Aprikosengeruch und leicht scharfem Geschmack.

Sporen: elliptisch, 7–9/4–5 µm. Staub blaß ockergelblich.

Vorkommen: Juni–Oktober. Laub- und Nadelwald, häufig, aber leider in der Umgebung größerer Ortschaften durch unvernünftiges Sammeln fast ausgerottet.

Wert: beliebtester Speisepilz, wohlschmeckend, aber schwer verdaulich; nicht zum Trocknen geeignet.

Verwechslungsmöglichkeiten: Falscher Eierpilz (Nr. 9), minderwertig; Leuchtender Ölbaumpilz (Nr. 8), giftig; Semmel-Stoppelpilz (Nr. 114), eßbar.

117 Totentrompete, Herbsttrompete

Eßbar

Craterellus cornucopioides (L. ex Fr.) Pers.

Fruchtkörper: 5–15 cm hoch und 3–7 cm breit, in feuchtem Zustand schwarzbraun, schwarzgrau bis schwarz, trocken braungrau; trompetenförmig mit umgeschlagenem, später welligem Rand, bis zum Grund hohl, glatt, später feinschuppig.

Fruchtschicht (Außenseite): anfangs glatt, dann schwach runzelig, aschgrau, später weiß überhaucht.

Fleisch: dünn, längsfaserig, im Alter zäh.

Sporen: elliptisch, 10–13/6–7 µm. Staub weiß.

Vorkommen: August–November, vor allem im Buchenwald, gesellig bis büschelig, ortsweise häufig, oft massenhaft.

Wert: wohlschmeckender, würziger Speisepilz, im Alter zäh. Zum Trocknen und zur Herstellung von Pilzpulver geeignet.

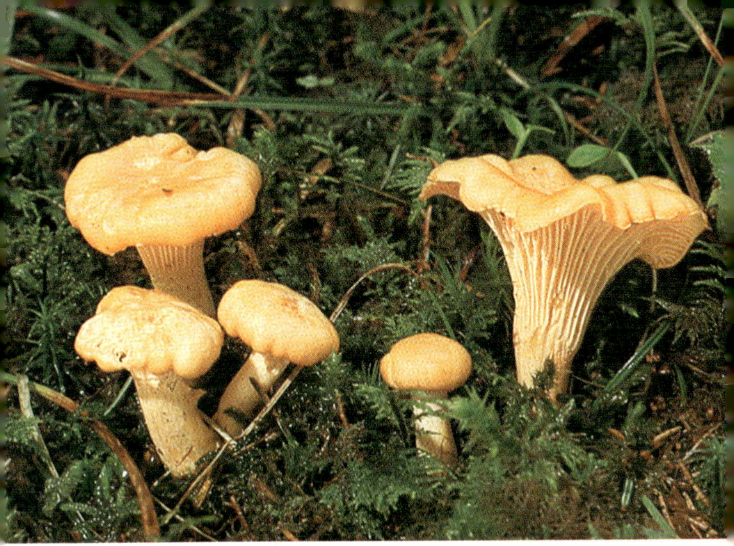

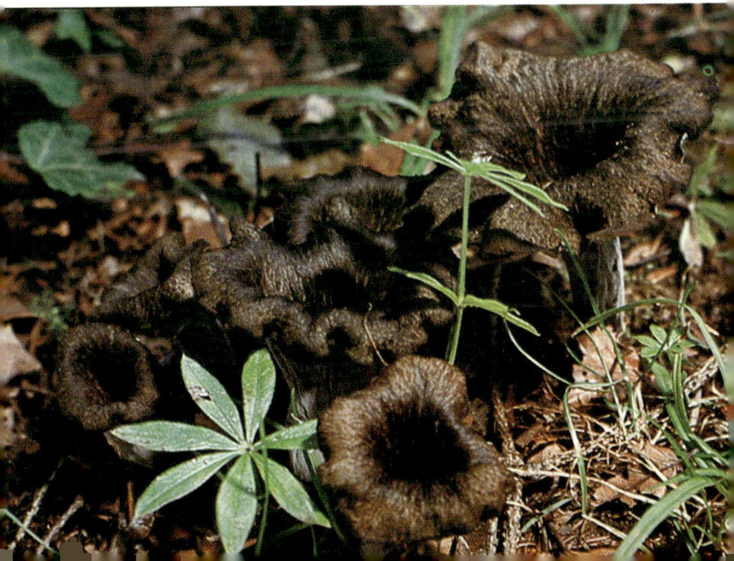

118   Trompetenpfifferling   Eßbar

Cantharellus infundibuliformis Fr.

Hut: 2–5 cm, gelbbraun bis graubraun, zuerst gewölbt und in der Mitte genabelt, mit eingeschlagenem Rand, später trichterförmig mit durchbohrter Mitte, dünnfleischig. Rand wellig gelappt.

Fruchtschicht: zuerst trübgelblich, später grau, leistenförmig, gegabelt, am Stiel herablaufend.

Stiel: hoch und schlank, schmutziggelb, markig ausgefüllt bis röhrig-hohl, oft breitgedrückt.

Fleisch: weißlich, nach außen gelblich oder grau, elastisch.

Sporen: elliptisch, 9–12/5–10 µm. Staub gelblichweiß.

Vorkommen: Juli–November. Laub- und Nadelwald, auf dem Erdboden, bisweilen auf morschen Strünken, häufig.

Wert: guter Speisepilz.

Verwechslungsmöglichkeit: Gelbe Kraterelle (Nr. 119), eßbar.

119   Gelbe Kraterelle, Goldstieliger Pfifferling   Eßbar

Cantharellus lutescens Pers.

Hut: 2–5(–8) cm, braun bis graubraun, anfangs genabelt, bald trichterförmig mit durchbohrter Mitte, dünnfleischig, mit wellig-flatterigem Rand.

Fruchtschicht: orangerosa, zuerst fast glatt; später bilden sich wenig erhöhte, gabelig verzweigte, herablaufende Leisten.

Stiel: hoch und schlank, leuchtend orangegoldgelb, oft breitgedrückt und rinnig, hohl.

Fleisch: weißlich, nach außen gelblich, zerbrechlich, mit intensivem, fruchtartigem Geruch (Erdbeeren, Mirabellen).

Sporen: elliptisch-eiförmig, 9–12/6–8 µm. Staub hellgelblich.

Vorkommen: August–November, besonders Gebirgsnadelwälder.

Wert: guter Speisepilz. Geschmack oft etwas zu intensiv.

Verwechslungsmöglichkeit: Trompetenpfifferling (Nr. 118), eßbar.

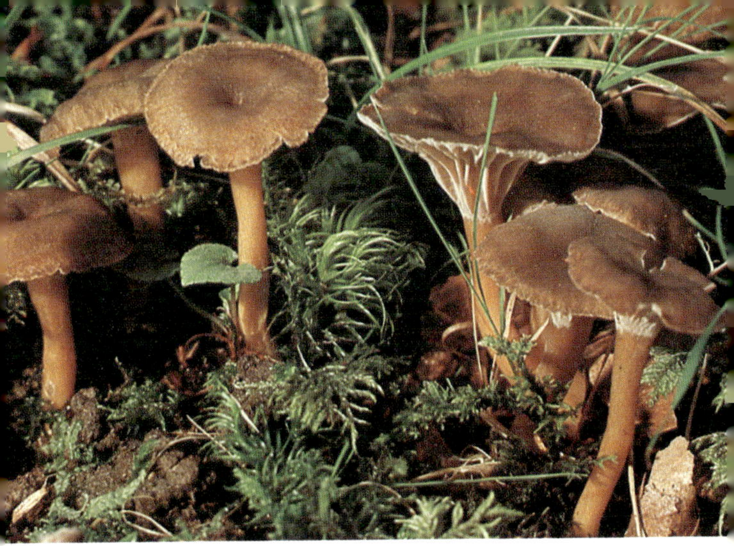
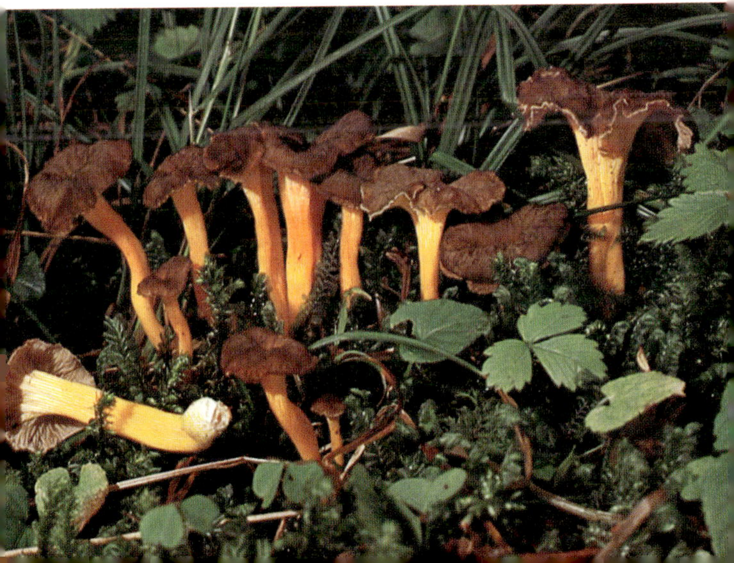

120 Schweinsohr, Keulenpfifferling   Eßbar

Gomphus clavatus (Pers. ex Fr.) S. F. Gray

Fruchtkörper: bis 10 cm hoch und bis 6 cm breit, jung zapfenförmig-zylindrisch, dann abgestutzt keulenförmig bis unregelmäßig kreiselförmig oder trichterig, hutartig gerandet. Oberseite trüb violettpurpurn bis fleischrötlich, zuletzt grünlichgelb. Außenseite (= Fruchtschicht) zuerst fleischviolett, dann rosa-ockerlich, bald gelblich bestäubt, mit herablaufenden, gabelig geteilten, aderig-runzeligen Leisten.

Fleisch: weiß, weich. Geruch schwach, angenehm.

Sporen: elliptisch, 10–12/4–5 µm. Staub strohgelb.

Vorkommen: August–Oktober. In Nadel- und Laubwäldern, büschelig, in Reihen und Kreisen, ortshäufig.

Wert: guter Speisepilz.

121 Herkuleskeule   Eßbar

Clavariadelphus pistillaris (Fr.) Donk

Fruchtkörper: 8–20 cm hoch und oben 2–5 cm dick, zuerst ockergelb, dann fleischbräunlich bis rötlichbraun, keulenförmig mit abgerundetem Scheitel, nach unten stielförmig ausgezogen. Außen (= Fruchtschicht) zuerst glatt, dann runzelig gefurcht.

Fleisch: weiß, schwammig weich, faserig. Geschmack schon jung ziemlich bitter.

Sporen: elliptisch, 11–16/6–10 µm. Staub strohgelblich.

Vorkommen: August–November. Buchenwald, gesellig.

Wert: eßbar, aber nicht schmackhaft, meist bitter.

Ähnlich, aber viel schmächtiger (5–8/0,5–1,5 cm) ist die hauptsächlich im Nadel-wald vorkommende Zungenkeule, *Clavariadelphus ligula (Fr.) Donk*. Die Abgestutzte Keule, *Clavariadelphus truncatus (Quél.) Donk*, wird fast so groß wie die Herkules-keule, ist oben abgeplattet, hat einen süßen Geschmack und kommt im Nadelwald vor.

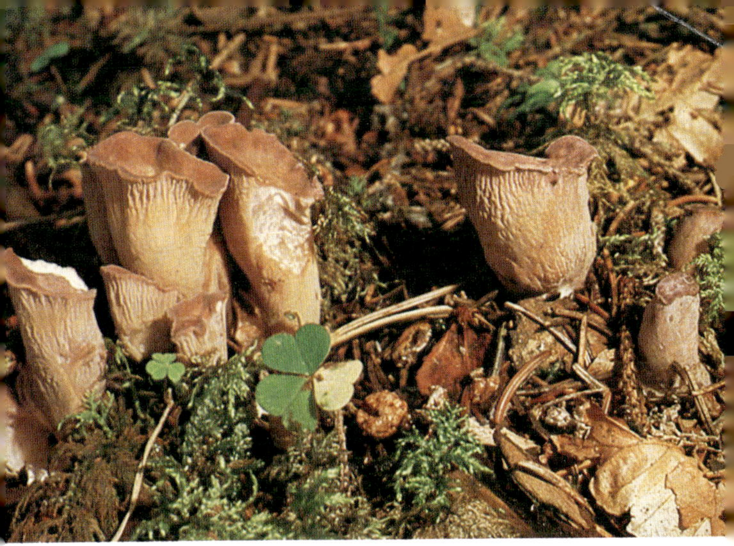

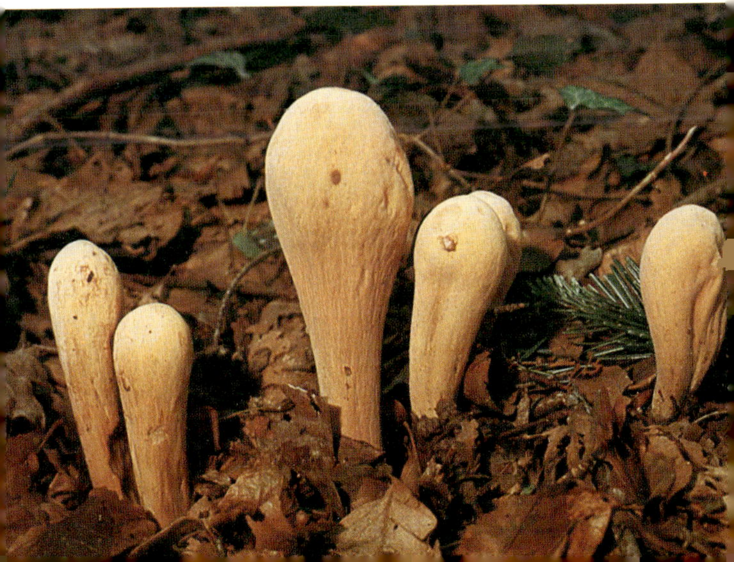

122 Goldgelbe Koralle

Ramaria aurea (Fr.) Quél.

Fruchtkörper: 6–15 cm hoch, von einem weißgelblichen, kurzen, dicken Strunk aus in viele goldgelbe, dichtstehende Äste und Zweige aufgeteilt, im Alter ockergelb. Endzweige stumpf, zahnartig.

Fleisch: weißlich, nach der Oberfläche zu gelblich, meist wäßrig marmoriert, sehr zerbrechlich, mit mildem, im Alter an den Zweigspitzen bitterem Geschmack.

Sporen: zylindrisch bis schmal-elliptisch, 8–15/3–6 µm. Staub ockerfarbig.

Vorkommen: August–Oktober. Nadelwald, besonders häufig in höheren Lagen.

Wert: jung eßbar und gut. Zweigspitzen entfernen. Alte Exemplare sind leicht giftig und erzeugen Durchfälle.

Verwechslungsmöglichkeiten: Blasse Koralle (Nr. 123), giftig. Alte Exemplare der ebenfalls giftigen Dreifarbigen Koralle (Nr. 124) sind ockergelb und schwer von der Goldgelben Koralle zu unterscheiden. Der Ungeübte lasse besser alle Korallen stehen.

Erwähnt seien noch folgende Korallenarten:

Zitronengelbe Koralle, *Ramaria flava (Fr.) Quél.,* eßbar. Der obigen Art sehr ähnlich, aber schwefelgelb bis zitronengelb gefärbt, oft mit roten Flecken am Strunk, Laubwald.

Rotspitzige Koralle oder Hahnenkamm, *Ramaria botrytis (Fr.) Ricken,* eßbar. Bis 15 cm hoch, Strunk weißlich, Äste blaßgelblich, Spitzen dicht gedrängt, rötlich. Vor allem Buchenwälder.

Verwandt mit den Korallen ist die Krause Glucke, *Sparassis crispa (Wulf. ex Fr.) Fr.,* eßbar. Bis 30 cm breit, Strunk in zahlreiche flachgedrückte, blattartige, gelbliche bis bräunliche Äste unterteilt. Kiefernwald.

123 Blasse Koralle, Bauchwehkoralle Giftig

Ramaria mairei Donk (Syn: Clavaria pallida Bres.)

Fruchtkörper: 6–12 cm hoch. Strunk ziemlich dünn und kurz, an der Basis weißlich. Äste und Zweige graugelblich, fleischockerfarbig bis hell milchkaffeefarbig, längsrunzelig, mit länglichen Höhlungen. Zweigspitzen in der Jugend lila getönt, rasch ausblassend.

Fleisch: weiß, mit schwach seifenartigem Geruch und schwach bitterem Geschmack.

Sporen: elliptisch, 9–12/4,5–5,5 µm. Staub hellocker.

Vorkommen: August–September. Buchenwald auf Kalkboden, stellenweise häufig.

Die Blasse Koralle erzeugt heftige kolikartige Darmstörungen, Erbrechen und Durchfall.

124 Dreifarbige oder Schöne Koralle Giftig

Ramaria formosa (Fr.) Quél.

Fruchtkörper: 6–20 cm hoch, dreifarbig, stark verzweigt. Strunk fleischrosa, weißlich ausblassend. Äste und Zweige orangerosa (lachsrosa). Zweigspitzen zitronengelb. Im Alter ganzer Fruchtkörper ockergelb.

Fleisch: weiß, trocken (nicht wäßrig marmoriert), mit leicht bitterem Geschmack.

Sporen: zylindrisch bis elliptisch, 8–15/4–5 µm. Staub blaß ockergelb.

Vorkommen: August–Oktober. Vor allem Laubwälder.

Die Dreifarbige Koralle ist in der Giftwirkung ähnlich wie die Blasse Koralle (Nr. 123).

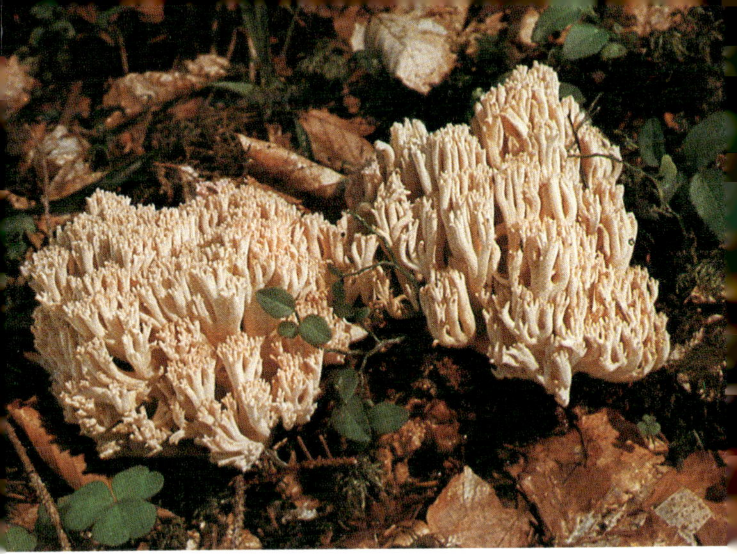
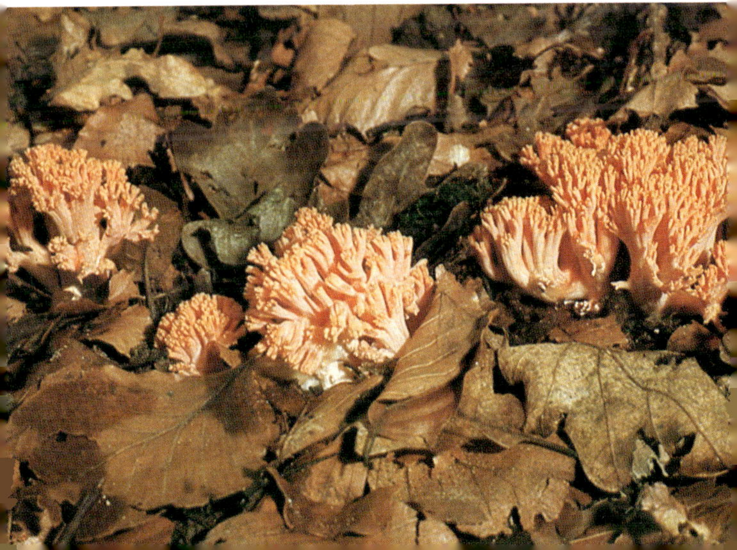

125   Eispilz, Zitterzahn Eßbar

Pseudohydnum gelatinosum (Scop. ex Fr.) Karst.

Fruchtkörper: 3–8 cm breit und 1–1,5 cm dick, milchweiß, fast durchscheinend, später graubräunlich bis dunkelbraun werdend; halbkreis- bis muschelförmig, hinten bisweilen stielartig zusammengezogen. Oberseite körnig-warzig. Unterseite (= Fruchtschicht) mit weißen bis graubläulichen, 2–4 mm langen, weichen Stacheln besetzt.

Fleisch: zitterig, weichgallertig, wäßrig, beim Eintrocknen knorpelig werdend.

Sporen: fast kugelig, 5–7,5/4,5–6,5 μm. Staub weiß.

Vorkommen: Juli–November. An morschen Nadelholzstrünken, gesellig, oft dachziegelig gehäuft.

Wert: als Salatpilz roh eßbar, aber mit wenig Geschmack.

126   Rötlicher Gallerttrichter Eßbar

Phlogiotis helvelloides (DC. ex Fr.) Martin

Fruchtkörper: 5–10 cm hoch und 4–6 cm breit, orangerosa, orangerot bis braunrot, durchscheinend; zuerst spatel- oder zungenförmig, später halbiert trichterförmig. Rand wellig gelappt. Außenseite (= Fruchtschicht) zuerst glatt, später schwach runzelig und durch die Sporen weiß bestäubt.

Fleisch: etwas heller als die Oberfläche, gelatinös-gallertig, wäßrig, im Stiel knorpelig.

Sporen: walzenförmig, 9–12/4,5–6 μm. Staub weiß.

Vorkommen: Juli–Oktober. Nadelwald, büschelig auf dem Erdboden und an morschem Holz.

Wert: roh als Salatpilz verwendbar, nicht so fade wie der Eispilz.

127 Judasohr, Ohrlappenpilz   Eßbar

Auricularia auricula (Hook.) Underwood

Fruchtkörper: 3–10 cm breit, schüssel- bis ohrförmig, mit schmalem Grund angewachsen. Unterseite konkav, unregelmäßig aderig gefaltet, stark glänzend, bräunlich fleischfarben, braunrot bis braunviolett. Oberseite gewölbt, etwas heller und weichfilzig.

Fleisch: zäh-gallertig, schwabbelig, beim Trocknen stark schrumpfend, grauschwarz und hornartig hart werdend.

Sporen: zylindrisch, 12–23/5–8 µm. Staub weiß.

Vorkommen: ganzjährig, besonders August–März, an alten Holunderstämmen, selten an anderen Laubholzarten.

Wert: sowohl roh als Salatpilz wie gekocht eßbar, aber ziemlich fade. Eigenartigerweise gehört er im Fernen Osten zu den beliebtesten Speisepilzen und wird in getrockneter Form als sog. ‹Chinesischer Pilz› sogar bis nach Mitteleuropa exportiert.

Das Judasohr kann wie andere Gallertpilze in Trockenperioden vollständig austrocknen, ohne dabei abzusterben. Bei feuchter Witterung quellen die Fruchtkörper auf und nehmen wieder ihre ursprüngliche Form an.

128 Klebriger Hörnling, Schönhorn   Ungenießbar

Calocera viscosa Pers. ex Fr.

Fruchtkörper: 3–6(–10) cm hoch, goldgelb, bisweilen orangerot, von der Basis aus geweihartig verzweigt, klebrig-schlüpfrig. Basis wurzelartig verlängert.

Fleisch: goldgelb, gallertig-knorpelig (nicht brüchig wie bei den Korallenpilzen), getrocknet hornartig.

Sporen: zylindrisch, 9–12/4–5 µm. Staub ockergelb.

Vorkommen: Juli–Dezember. Auf morschem Nadelholz, häufig.

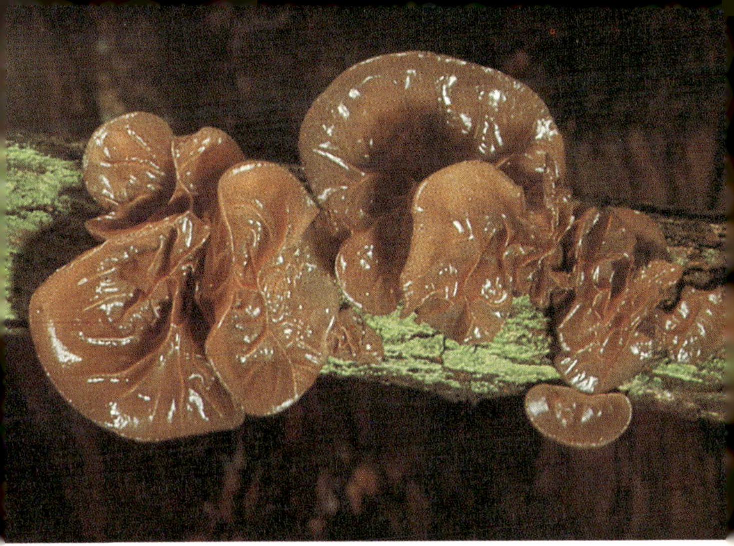

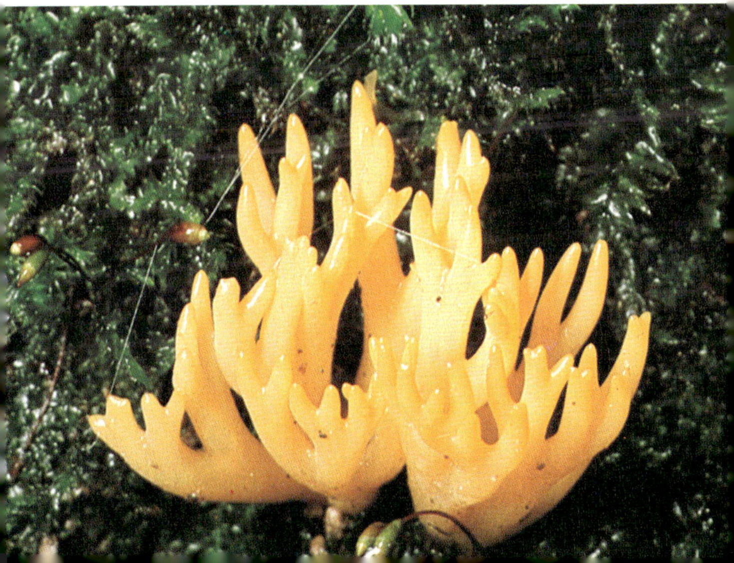

129 Hasenbovist, Getäfelter Stäubling Eßbar

Calvatia utriformis (Bull. ex Pers.) Jaap; Syn: C. caelata (Bull.) Morg.

Fruchtkörper: 6–15(–20) cm hoch und 5–12(–16) cm breit, umgekehrt birnenförmig oder eiförmig mit faltiger Basis. Außenhaut zuerst weißlich und feinfilzig oder körnig, später rissig, felderig getäfelt oder felderig schuppig werdend, im Alter ockerfarbig bis braun. Bei der Reife zerfällt der obere Teil des Fruchtkörpers vollständig; es bleibt der sterile Basalteil als dunkelbraune, dauerhafte Schüssel zurück.

Fleisch (Fruchtmasse): zuerst weiß und fest, dann grünlichgelb bis olivbraun und breiig werdend, zuletzt zu Staub zerfallend.

Sporen· kugelig, 4–5 µm, fast glatt. Staub olivbraun.

Vorkommen: Juni–November. Wiesen, Weiden und Waldlichtungen, einzeln oder in kleineren Gruppen.

Wert: eßbar, solange das Fleisch noch weiß ist.

Der Riesenbovist, *Calvatia maxima (Schff.) Morg.,* wird bis 50 cm groß, ist rundlich und hat eine glatte, weißliche bis graugelbliche Oberfläche. Eßbar.

130 Flaschenstäubling Eßbar

Lycoperdon perlatum Pers.

Fruchtkörper: 4–8 cm hoch, weiß bis blaßbräunlich, bei der Reife graubraun, mit kugeligem Oberteil und ± zylindrischem Stiel. Oberhaut mit leicht abbrechenden, kegelförmigen Stacheln und kleiigen Warzen bedeckt. Fruchtkörper bei der Reife am Scheitel mit rundlicher Öffnung aufspringend.

Fleisch (Fruchtmasse): erst weiß, dann gelblich bis olivbraun und breiig, zuletzt trocken und staubig-flockig.

Sporen: kugelig, mit Stielchen, 3,5–4 µm. Staub olivbraun.

Vorkommen: Juni–November. In Wäldern, gesellig, häufig.

Wert: eßbar, solange das Innere noch weiß ist.

Im Vordergrund des Bildes eine kleine Helmlingsart.

131 Dickschaliger Kartoffelbovist   Giftig

Scleroderma aurantium (L. ex) Pers.

Fruchtkörper: 3–10 cm groß, einer rundlichen oder länglichen Kartoffel-knolle ähnlich, stiellos, mit wurzelartigen Mycelsträngen. Außenhaut graugelblich bis braungelb, felderig aufgesprungen oder warzig, bis-weilen fast glatt, auffallend dick (2–4 mm), hart.

Fleisch (Fruchtmasse): anfänglich gelblichweiß und fleischig, dann violett-schwarz mit weißen Fasern marmoriert, zuletzt trocken und grau bis graugrün. Geruch widerlich, stechend.

Sporen: kugelig, 8–12 µm, warzig-netzig. Staub olivbraun.

Vorkommen: Juli–November. In Wäldern, auch in freiem Gelände, ge-sellig, häufig.

Verwechslungsmöglichkeit: Wurde schon mit Trüffeln verwechselt, die aber unterirdisch wachsen.

Der Dünnschalige Kartoffelbovist, *Scleroderma verrucosum Pers.*, ist seltener und unterscheidet sich von der obigen Art durch die dünne Außenhaut. Er ist zudem meist gestielt. Ungenießbar.

132 Fransen-Erdstern   Ungenießbar

Geastrum fimbriatum Fr.

Fruchtkörper: zuerst kugelförmig mit einer inneren und äußeren Hülle. Die äußere Hülle spaltet sich in 6–12 dickfleischige, später papierdünne, weißliche bis gelbbräunliche Lappen, die sich sternförmig abwärts krüm-men. Die freigelegte Innenhülle ist zwiebelförmig, graubräunlich und um-schließt die Fruchtmasse. Bei der Reife entsteht am Scheitel eine feine Mündung, durch die die Sporen entweichen. Durchmesser des ausge-breiteten Sterns 4–9 cm.

Sporen: kugelig, 3–4 µm, leicht warzig, Staub braun.

Vorkommen: August–Oktober. In trockenen Nadelwäldern, gesellig.

In Mitteleuropa treten etwa 15 verschiedene Erdsternarten auf. Der Fransen-Erdstern ist die häufigste Art.

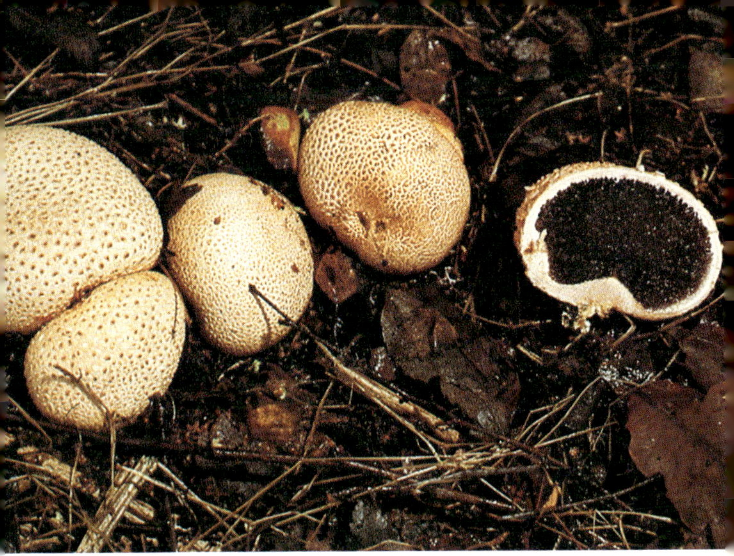

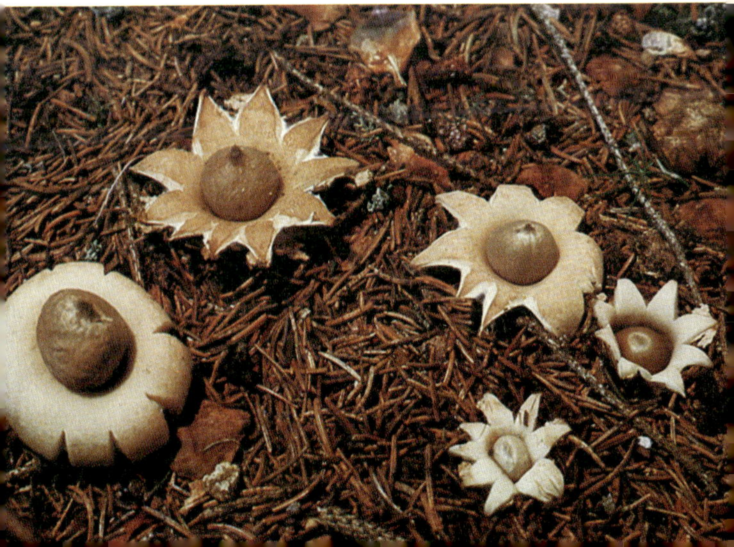

133   Gestreifter Teuerling   Ungenießbar

Cyathus striatus (Huds. ex Pers.) Willd. ex Pers.

Fruchtkörper: 1–1,5 cm hoch, becherförmig, außen braun, grob behaart, innen gestreift. Auf dem Grund des Bechers sind mehrere linsenförmige, weiße bis graue Gebilde (sog. Peridiolen) befestigt, die die Sporenmasse enthalten. Jung sind die Fruchtkörper mit einer weißen Haut verschlossen, die später aufreißt.

Sporen: elliptisch, 18–22/9–12 μm.

Vorkommen: Juli–November. Auf Waldboden und auf faulem Holz, gesellig, häufig, aber leicht zu übersehen.

134   Stinkmorchel   Jung eßbar

Phallus impudicus L. ex Pers.

Jugendstadium (sog. Hexenei): unterirdisch bis halb unterirdisch, kugelig bis eiförmig, etwa hühnereigroß oder etwas größer, von einer weißlichen, oft rötlich getönten Haut umgeben, weich. Im Innern ist der Fruchtkörper in komprimierter Form voll ausgebildet und von einer blaßbräunlichen Gallerte umschlossen. Bei der Reife bricht der Fruchtkörper am Scheitel aus dem Hexenei hervor.

Hut: 3–4 cm hoch, glockenförmig, blaß ockerfarbig, wabig gerippt, mit einer dunkel olivgrünen, schleimigen, die Sporen enthaltenden Masse überzogen, die z.T. abtropft, z.T. von Aasinsekten aufgezehrt wird.

Stiel: 10–20 cm hoch, konisch, hohl, weiß, maschig-porös und entsprechend leicht (ähnlich wie Schaumkunststoff).

Geruch: als Hexenei völlig geruchlos, nach der Entfaltung ekelerregend nach Aas riechend.

Sporen: elliptisch bis zylindrisch, 3,5–5/1,5–2 μm.

Vorkommen: Mai–September. Laub- und Nadelwälder, einzeln oder gesellig. Entwickelt sich auch bei Trockenheit, da das Hexenei durch die wasserhaltige Gallerte vor Austrocknung geschützt ist.

Wert: als Hexenei sogar roh eßbar. Ausgewachsene Pilze sind wegen des widerlichen Geruchs ungenießbar.

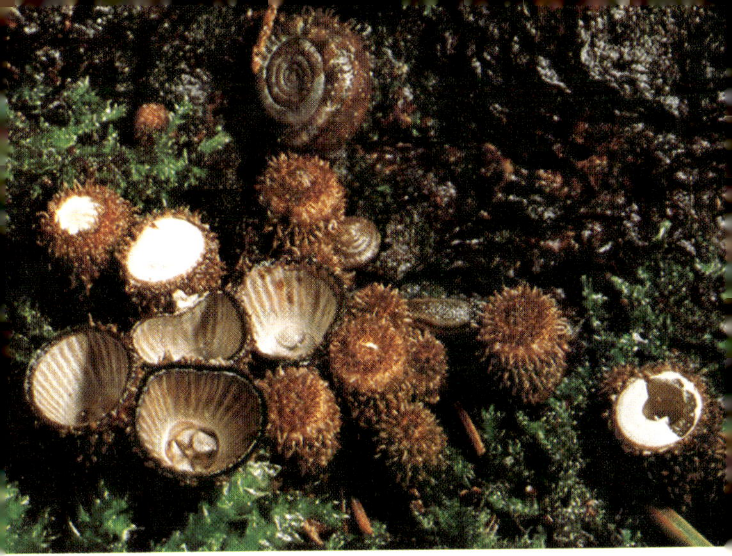

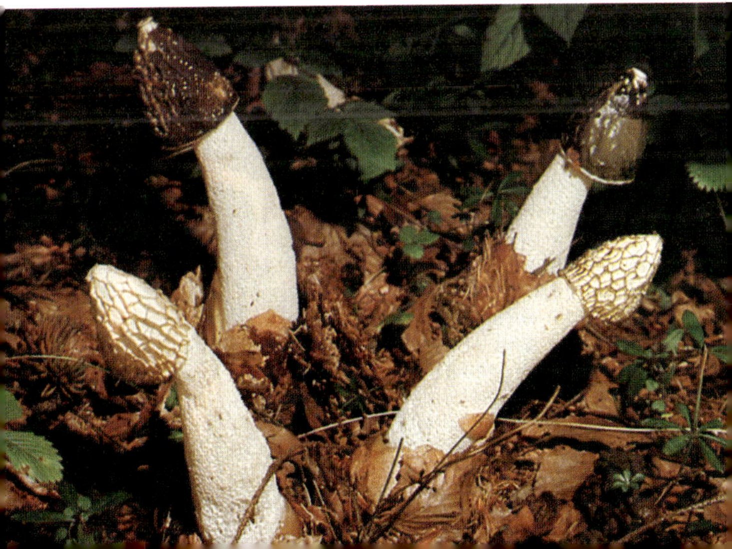

135 Speisemorchel, Maimorchel   Eßbar
Morchella esculenta Pers. ex St. Amans

Hut: 3–10 cm hoch und 3–7 cm breit, rundlich, eiförmig bis stumpf kegelig, oft unförmig, in der Jugend ± grau, dann braungelb bis ockergelb. Oberfläche durch erhabene Rippen in unregelmäßige, wabenartige Gruben unterteilt. Hut hohl, innen weiß bis ockerweißlich.
Fruchtschicht: die Oberfläche des Hutes bedeckend.
Stiel: weiß bis ockerweißlich, hohl, dünnfleischig, oft faltig und an der Basis aufgeblasen.
Sporen: elliptisch, 17–24/11–15 µm. Staub ockerfarbig.
Vorkommen: April–Mai, auf sandigem Boden, in Flußauwäldern, an Bachufern, meist unter Eschen; oft auch in Parks, Gärten und unter Obstbäumen, gesellig, standorttreu, vielerorts bereits ausgerottet.
Wert: hervorragender Speisepilz, besonders geeignet zum Trocknen. Ältere Exemplare sollen nicht geerntet werden, da sie oft von Maden befallen sind und Verdauungsstörungen verursachen können.

Viele Autoren haben die sehr variable Speisemorchel in verschiedene, schwer unterscheidbare Arten und Varietäten aufgeteilt. Heute ist man mehr der Ansicht, daß es sich nur um Formen handelt. Die bekannteste Form der Speisemorchel ist die

136 Graue Speisemorchel   Eßbar
Sie ist etwas kleiner als der Typus und grau bis graubraun gefärbt, oft mit rostfarbigen Flecken an den Rippen. Sie erscheint etwas früher an den gleichen Standorten wie die Maimorchel.
Wert: wie Nr.135.

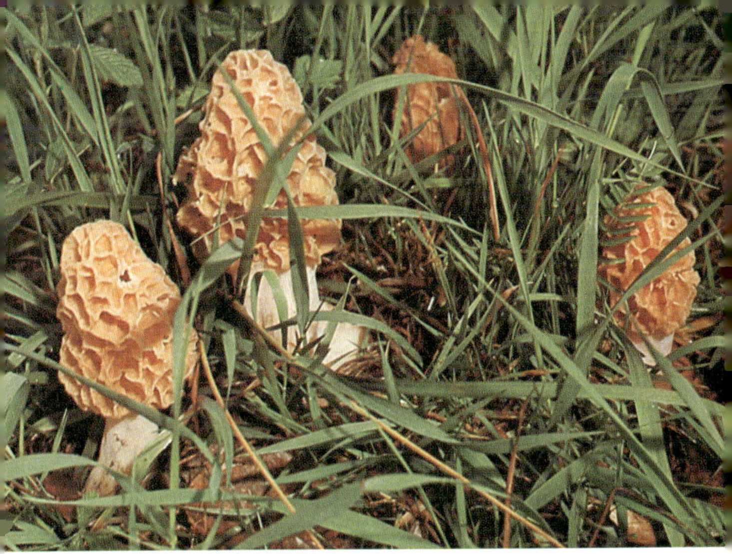

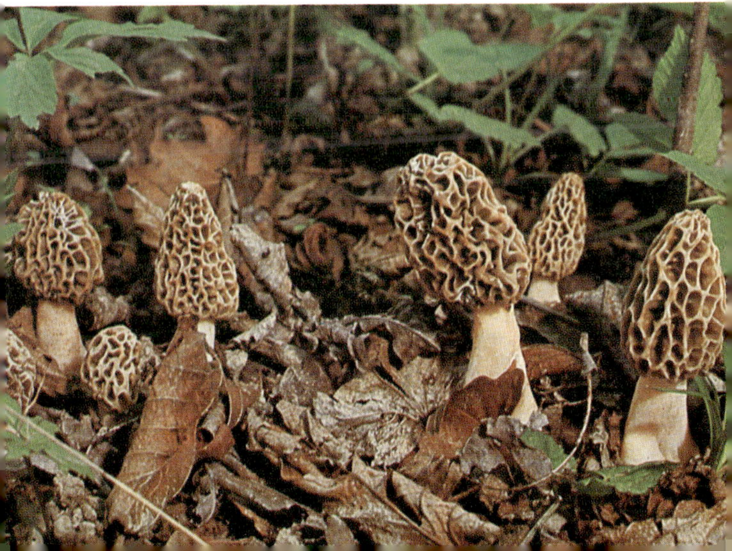

137 Spitzmorchel Eßbar

Morchella conica Pers.

Hut: 4–10 cm hoch, zugespitzt kegelförmig, jung grau bis graubraun, im Alter dunkel olivbraun. Oberfläche grubig durch senkrecht verlaufende Längsrippen und tieferliegende Querrippen. Rippenränder im Alter fast schwarz. Hut hohl, innen grauweißlich bis hellgrau.

Fruchtschicht: die Oberfläche des Hutes bedeckend.

Stiel: weiß bis ockerweißlich, an der Spitze feinkleiig, hohl, dünnfleischig, zerbrechlich.

Sporen: elliptisch, 18–24/10–14 µm. Staub ockerfarbig.

Vorkommen: Ende März–Mai, in höheren Lagen bis Juli, Waldränder, Waldwiesen, Flußauwälder, Holzlagerplätze, auf Brandstellen, bis zur Waldgrenze vorkommend, vorzugsweise auf Kalkböden, gesellig, standortstreu.

Wert: hervorragender, besonders zum Trocknen geeigneter Speisepilz.

Die Spitzmorchel ist wie die Speisemorchel sehr variabel, so daß man auch hier je nach Autor mehrere Formen (bzw. Varietäten oder Arten) unterscheidet.

138 Halbfreie oder Käppchenmorchel Eßbar

Mitrophora semilibera (DC. ex Fr.) Lév.

Hut: 2–5 cm hoch, kegelig-glockig, zugespitzt, zu etwa ⅓ nicht mit dem Stiel verwachsen, so daß der Hutrand frei vom Stiel absteht. Oberfläche (= Fruchtschicht) braun, mit verzweigten Längsrippen und schwach ausgeprägten Querrippen. Rippen im Alter fast schwarz.

Stiel: bis 15 cm lang, weißlich oder ockergelblich, fein gefurcht, kleiig-körnig, schlauchartig hohl, sehr dünnfleischig.

Sporen: elliptisch, 22–30/13–17 µm. Staub ockerfarbig.

Vorkommen: April–Mai. Flußauwälder, Bachufer, Parkanlagen, gesellig, ortshäufig.

Wert: guter, aber wenig ergiebiger Speisepilz, zum Trocknen geeignet. Der laugenartige Geruch verschwindet beim Kochen.

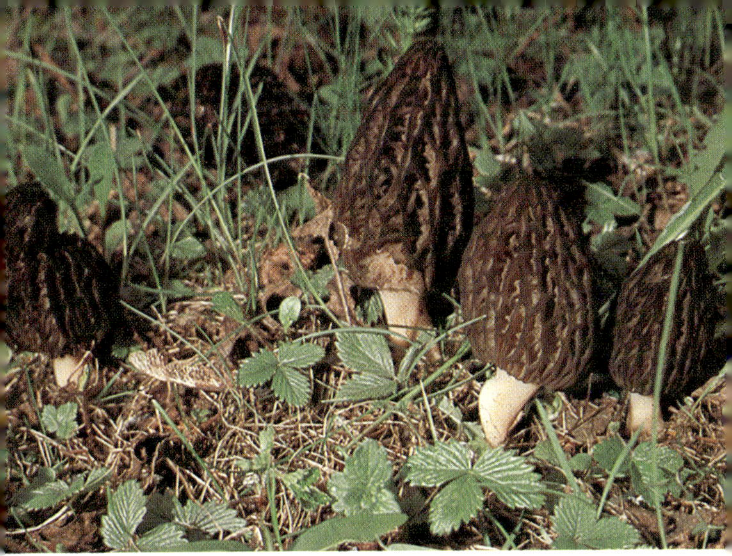
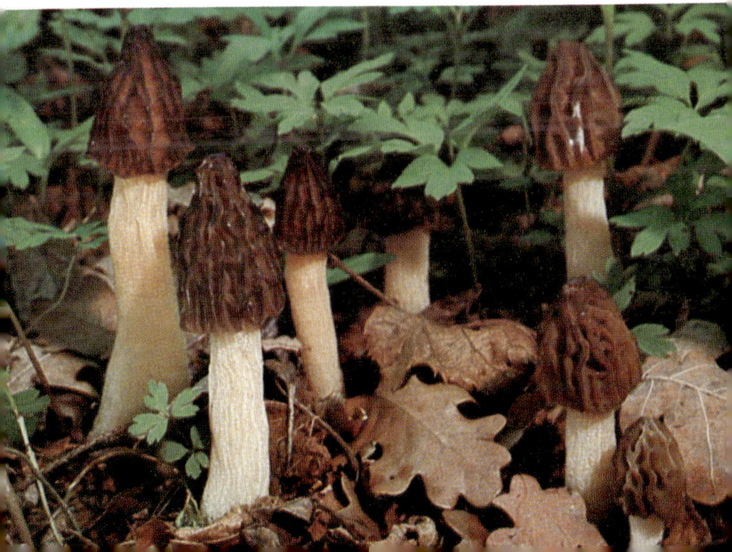

139 Böhmische Glockenmorchel, Runzelverpel Eßbar

Ptychoverpa bohemica (Krbh.) Boud.

Hut: 2–6 cm hoch, glockenförmig, abgerundet, nur am Scheitel mit dem Stiel verbunden. Oberfläche (= Fruchtschicht) ockerbraun bis braun, mit dichtstehenden, gewundenen Runzeln. Rand weißlich. Innenseite weißlich, glatt.

Stiel: 6–17 cm lang, weißlich bis ockergelblich, oft geringelt, feinkleiig, zuerst markig ausgefüllt, im Alter hohl, dickwandig, zerbrechlich, oft stark durchwässert.

Sporen: lang-elliptisch, extrem groß, 60–95/15–23 µm. In der Schweiz findet man diese Art mit durchwegs zweisporigen Schläuchen, in andern Ländern auch vier(ausnahmsweise acht-)-sporig.

Vorkommen: April–Mai. Flußauwälder, unter Gebüschen, im allgemeinen sehr selten.

Wert: guter Speisepilz, sollte aber unbedingt geschont werden.

Die Fingerhutverpel, *Verpa digitaliformis Pers.*, ist durchschnittlich kleiner und besitzt einen glockenförmigen, fast glatten oder nur schwach gefalteten Hut und kleinere Sporen. Eßbar, aber unergiebig.

140 Aderbecherling, Morchelbecherling Eßbar

Disciotis venosa (Pers.) Boud.

Fruchtkörper: 5–15 cm breit, unregelmäßig schüssel- bis scheibenförmig, auf einem kurzen, gerippten Stielchen sitzend. Oberseite (= Fruchtschicht) gelblichbraun, kastanienbraun bis schwarzbraun, bis fast zum Rand stark aderig-runzelig. Unterseite weißlich bis cremefarbig, feinkleiig.

Fleisch: weißlich, wachsartig, sehr zerbrechlich, mit Geruch nach Chlor oder Javellewasser.

Sporen: elliptisch, 19–25/12–15 µm.

Vorkommen: April–Mai, an den gleichen Standorten wie die Speisemorchel, nicht standorttreu.

Wert: hervorragender Speisepilz mit morchelähnlichem Geschmack (Chlorgeruch verschwindet beim Kochen).

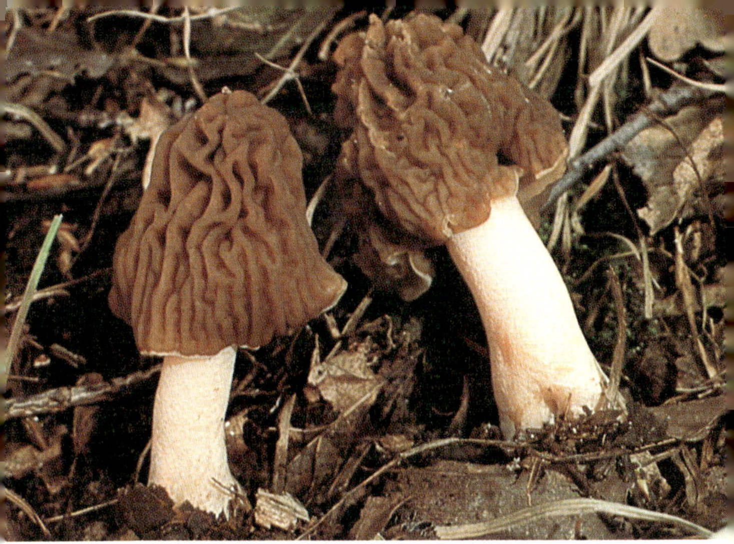

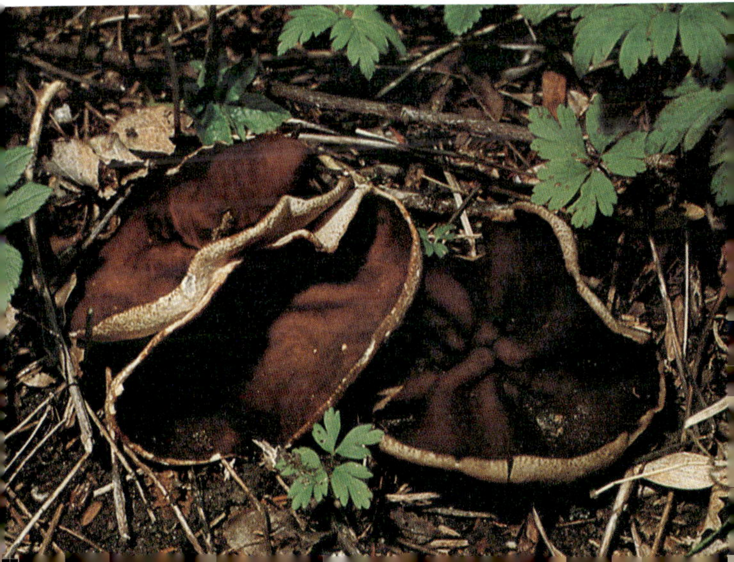

141 Frühjahrslorchel, Giftlorchel   Bedingt eßbar

Gyromitra esculenta (Pers.) Fr.

Hut: 2–12 cm, unregelmäßig rundlich und meist etwas breiter als hoch. Oberfläche (= Fruchtschicht) meist rotbraun, aber auch gelbbraun oder schwarzbraun, mit gehirnartig gewundenen oder wellig verlaufenden Wülsten. Im Innern mehrkammerig hohl. Sehr zerbrechlich.

Stiel: weißlich bis blaßgrau, kurz und dick, grubig-faltig, zuerst markig ausgefüllt, dann gekammert hohl.

Sporen: elliptisch, mit zwei Öltropfen, 17–25/8–12 µm.

Vorkommen: März–Mai. Sandige Kiefernwälder, gesellig, in vielen Gegenden häufig, in der Schweiz selten.

Wert: zugleich gefährlicher Giftpilz und guter Speisepilz. Nicht abgebrühte Frühjahrslorcheln können tödlich giftig wirken. Frische Pilze müssen zweimal 5 bis 15 Minuten lang vorgekocht werden. Das Kochwasser, das den gelösten Giftstoff enthält, ist wegzugießen. Sicherer ist es, die Lorcheln zu trocknen und mindestens sechs Monate zu lagern; ihr Giftgehalt ist dann stark vermindert, so daß im allgemeinen keine Vergiftungserscheinungen mehr auftreten. Sowohl das Abbrühen wie das Trocknen der Lorcheln bieten aber keinen absoluten Schutz vor Vergiftungen (siehe Seite 27).

Ähnlich ist die Riesen-Stocklorchel, *Maublancomyces gigas (Krbh.) Herter,* die aber meist viel größer wird und sich durch die hellere Hutfarbe und die größeren Sporen unterscheidet. Vorkommen: Nadelwald, besonders im Gebirge, vor allem um und an Holzstümpfen, selten. Wert: bedingt eßbar (genauso wie die Frühjahrslorchel vorbehandeln).

142 Herbstlorchel, Krause Lorchel   Bedingt eßbar

Helvella crispa (Scop.) Fr.

Hut: 2–5 cm breit, unregelmäßig gelappt, gefaltet und verbogen. Lappen dünnfleischig, außen weißlich, innen blaßbräunlich.

Stiel: 4–12 cm hoch, weiß, längsrippig gefurcht, innen längskammerig hohl, nach oben konisch verjüngt.

Sporen: elliptisch, mit Öltropfen, 15–20/10–12 µm.

Vorkommen: August–November. Laubwald, meist an Wegrändern.

Wert: eßbar, aber etwas zäh. Vorbehandlung wie bei Nr.141.

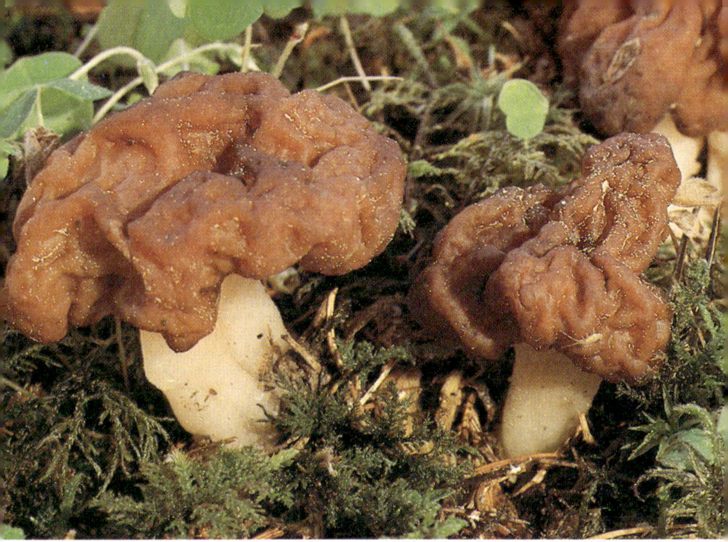

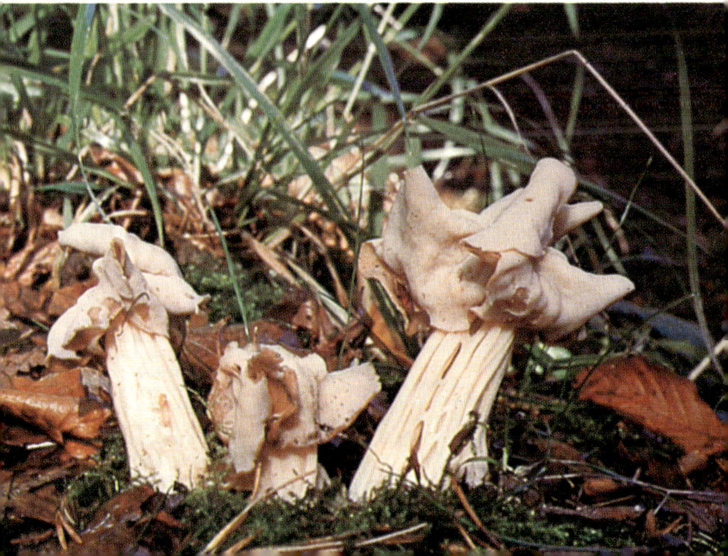

143 Kronenbecherling Bedingt eßbar

Sarcosphaera eximia (Dur. et Lév.) R. Mre.

Fruchtkörper: anfangs kugelförmig, vollständig geschlossen, hohl, schmutzigweiß, dann am Scheitel eine Öffnung bildend und von dort sternförmig aufreißend und einen Becher mit 6–10 dreieckigen Lappen bildend. Durchmesser 5–15 cm. Innenseite (= Fruchtschicht) anfänglich weißlich, rasch blaßviolett, dann schmutzigviolett, im Alter braun werdend. Außenseite blaßbräunlich bis blaßrötlich, feinfilzig. Fleisch relativ dick, brüchig.

Sporen: elliptisch, mit 1–2 Öltropfen, 15–18/8–9 µm.

Vorkommen: Mai–Juni(–Herbst), Laub- und Nadelwald, gesellig, oft in großen Mengen.

Wert: roh giftig. Kann nach Abbrühen (Kochwasser weggießen!) als Salatpilz verwertet werden.

144 Eselsohr Eßbar

Otidea onotica (Pers.) Fuckel

Fruchtkörper: becherförmig, auf der einen Seite meist bis zum Grund eingeschnitten und eingerollt, auf der anderen ± verlängert, 1,5–3 cm breit und 3–5 cm hoch. Innenseite (= Fruchtschicht) orangegelb bis rötlichgelb. Außenseite orangeocker.

Sporen: elliptisch, mit 2 Öltropfen, 10–13/5,5–6,5 µm.

Vorkommen: Juli–November. Laub- und Nadelwald, gesellig.

Wert: eßbar, aber unergiebig.

Das Hasenohr, *Otidea leporia (Batsch) Fuckel*, ist in der Form ähnlich, aber innen und außen rostgelb, gelbbraun oder zimtbraun gefärbt. Ebenfalls eßbar.

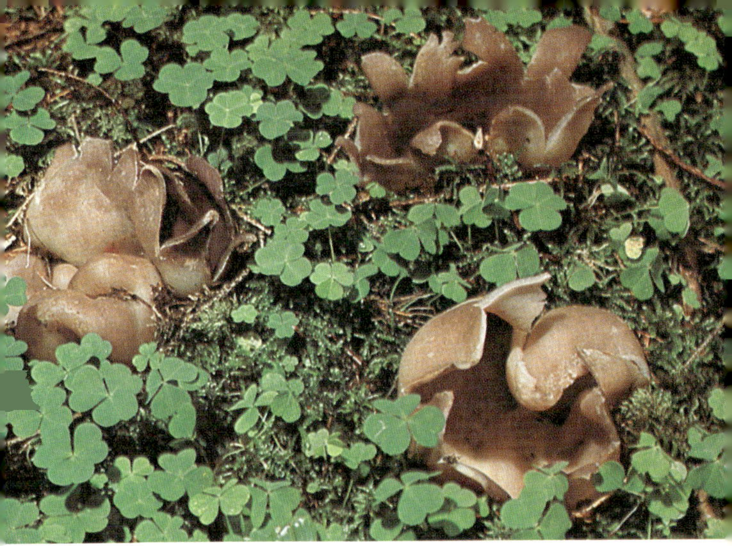
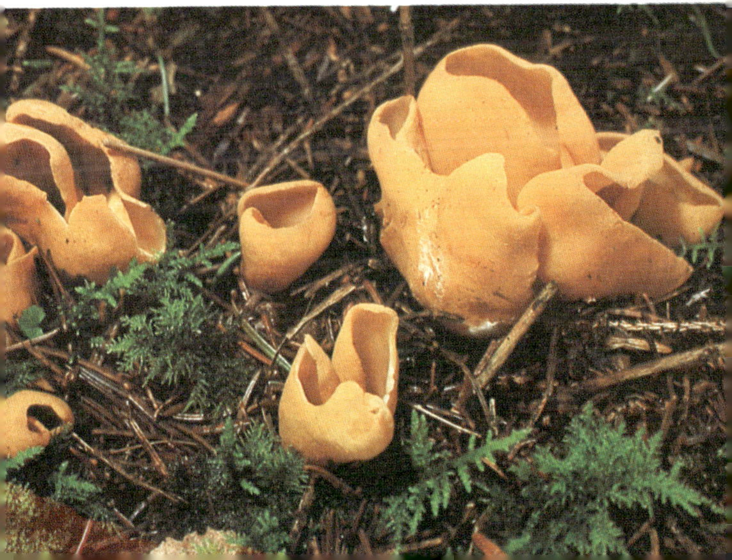

145 Orangebecherling   Kulinarisch bedeutungslos
Aleuria aurantia (Fr.) Fuckel
Fruchtkörper: 2–10 cm breit, schüssel- bis tellerförmig. Innenseite
(= Fruchtschicht) prächtig orangerot. Außenseite blasser, mehlig bereift.
Sporen: elliptisch, mit 2 Öltropfen, zuerst körnig, dann mit wabenartiger
Netzstruktur, 14–18/8–9 µm. Empfehlenswertes Objekt für die Mikro-
skopie.
Vorkommen: Mai–Oktober. Gesellig auf sandigem Waldboden.
Wert: Der Pilz ist als Schmuck unserer Wälder zu schonen.

146 Leuchtender Prachtsbecher   Kulinarisch bedeutungslos
Caloscypha fulgens (Pers.) Boud.
Fruchtkörper: 2–4 cm breit, kugelig bis becherförmig. Innenseite (= Frucht-
schicht) orange. Außenseite blaß, grünlich oder bläulich ausgehaucht.
Rand oft eingerissen.
Sporen: kugelig, 5–8 µm.
Vorkommen: März–Mai. Vorwiegend Nadelwald, selten.

147 Mutterkorn   Giftig
Claviceps purpurea (Fr.) Tul.
Befällt zur Blütezeit Roggen und andere Gräser und wandelt deren
Fruchtknoten gewissermaßen in Pilzgewebe um. Das sich bildende Mutterkorn ist spindelförmig, hart, außen violettschwarz und innen weiß. Es
handelt sich nicht um Fruchtkörper, sondern um sog. Sklerotien, eine
Dauer- oder Ruheform des Mycels. Die Sklerotien fallen später aus den
Ähren. Im folgenden Frühjahr entwickeln sich daraus winzige, gestielte,
kugelige, creme- bis purpurfarbige Fruchtkörper, die bei der Reife faden-
förmige, 100/1 µm messende Sporen bilden. Das Mutterkorn ist giftig
und ruft als Verunreinigung von Speisemehl und Brot die lebensgefährliche, heute seltene ‹Kribbelkrankheit› hervor. Aus dem Mutterkorn werden
verschiedene Alkaloide gewonnen, die in der Medizin von großer Bedeutung sind.

Pilz-Literatur

Lehrbücher, allgemeine Werke

Alexopoulos: Einführung in die Mykologie. 1966; 495 S. mit 194 Abb. im Text.

Gäumann: Die Pilze, Entwicklungsgeschichte u. Morphologie. 1964; 541 S. mit 610 Abb. im Text. Für Anfänger nicht geeignet.

Knaurs Pflanzenreich in Farben, Niedere Pflanzen. 1967; 319 S. mit 955 Abb., davon 175 in Farben. Inhalt: Viren, Bakteriophagen, Bakterien, Algen, Schleimpilze, Amöbenpilze, Pilze, Flechten, Moose, Farne. Allgemeinverständlich.

Müller/Loeffler: Mykologie. 1968; 302 S. mit 170 Abb. im Text.

Bestimmungsbücher

Jahn: Pilze rundum. 1949 (vergriffen); 355 S. mit 90 Abb. im Text und 8 Farbtafeln mit 61 Pilzbildern; Bestimmungsschlüssel und Beschreibungen für 464 Arten. Besonders gut geeignet für Anfänger.

Jahn: Mitteleuropäische Porlinge, Westfälische Pilzbriefe, Bd. IV. 1963; 143 S. mit 7 Abb. im Text und 66 photogr. Bildern. Bestimmungsschlüssel und Beschreibungen für 100 Arten.

Moser: Die Röhrlinge und Blätterpilze, Basidiomyceten II. Teil. 1967; 443 S. mit 429 Abb. Bestimmungsschlüssel für 2547 Arten. Nur für Fortgeschrittene geeignet.

Moser: Ascomyceten (Schlauchpilze). 1963; 147 S. mit 207 Abb. Bestimmungsschlüssel für größere Arten. Nur für Fortgeschrittene geeignet.

Ricken: Vademecum für Pilzfreunde. Unveränderter Neudruck der Auflage von 1920; 352 S. Bestimmungsbuch für 2000 Arten der Basidiomyceten und Ascomyceten. In systematischer Hinsicht veraltet.

Bebilderte Pilzbücher

Engel: Pilzwanderungen. 1966; 207 S. mit 160 Abb. im Text und 195 mehrfarbigen Abb. auf 64 Tafeln. Der systematische Teil umfaßt 671 Arten.

Haas: Pilze Mitteleuropas, Speise- und Giftpilze. 1964; 299 S. und 80 mehrfarbige Tafeln. Gute Beschreibung für 80 wichtige Speise- und Giftpilze. Bestimmungsübersicht für 554 Arten.

Haas/Schrempp: Pilze in Wald und Flur; Kosmos-Führer. 1970; 71 S., 112 photogr. Farbbilder.

Haas/Schrempp: Pilze, die nicht jeder kennt; Kosmos-Führer. 1972; 70 S., 112 photogr. Farbbilder.

Hennig: Taschenbuch für Pilzfreunde. 1968; 228 S. mit 125 farbigen Abb.

Jaccottet: Pilze. 1957; 246 S. mit 47 Abb. im Text und 102 Pilzarten auf 64 mehrfarbigen Tafeln. Auch in franz. Sprache erhältlich.

Jahn: Wir sammeln Pilze. 1963; 190 S. mit 80 mehrfarbigen u. 27 einfarbigen photogr. Bildern.

Imbach: Unsere Morcheln. 1968; 62 S. mit 19 photogr. Tafeln.

Lange/Lange: 600 Pilze in Farben. 1967; 242 S., davon 96 farbige Tafeln, Gattungsschlüssel. Auch in franz. und engl. Sprache erhältlich.

Merkl: Ich kenne die Pilze, Ratgeber für Pilzfreunde. 1962; 143 S., 119 mehrfarbige Abb.

Michael/Hennig: Handbuch für Pilzfreunde, 6 Bände.

Bd. I: Die wichtigsten und häufigsten Pilze. 1968; 308 S., 120 Tafeln mit farbigen Abb. von 200 Arten.

Bd. II: Nichtblätterpilze. 1971; 467 S., 120 Tafeln mit farbigen Abb. von 300 Arten.

Bd. III: Hellblättler und Leistlinge. 1974; 286 S., 120 Tafeln mit farbigen Abb. von 295 Arten.

Bd. IV: Dunkelblättler. 1973; 326 S., 120 Tafeln mit farbigen Abb. von 313 Arten.

Bd. V: Milchlinge und Täublinge. 1970; 391 S., 107 Tafeln mit farbigen Abb. von 164 Arten.

Bd. VI: Registerband (in Bearbeitung). Register zu Bd. I–V, Gattungsschlüssel, Gattungsregister.

Das ‹Handbuch für Pilzfreunde› ist das umfassendste, farbig bebilderte Werk der Pilzkunde in deutscher Sprache (1262 Abbildungen). Der Band I ist in sich abgeschlossen und für Anfänger sehr gut geeignet.

Peter: Kleine Pilzkunde Mitteleuropas. 1968; 452 S., davon 45 mehrfarbige Tafeln mit Abb. von 375 Arten.

Pilát: Pilz-Taschenatlas. 1970; 112 S. und 80 mehrfarbige Tafeln mit Abb. von 94 Arten.

Poelt/Jahn: Sammlung naturkundlicher Tafeln V, Mitteleuropäische Pilze. 1963; Kassette mit 180 losen, mehrfarbigen Tafeln mit Abb. von 345 Arten. Beschreibungen auf der Rückseite. 72 S. umfassendes Textheft mit 47 Abb.

Rinaldi u. Tyndalo: Pilzatlas. 1974; 333 S. mit mehr als 300 mehrfarbigen Tafeln und Beschreibungen von ca 1000 Pilzarten.

Romagnesi: Petit atlas des champignons. 1962/63.

Bd. I: 32 S. Text und 348 Farbtafeln.

Bd. II: 418 S., Beschreibungen der in Bd. I abgebildeten Arten.

Bd. III: 286 S., Bestimmungsbuch.

Schlittler/Waldvogel: Pilze. 1972 (Silva-Verlag).

Bd. I: Blätterpilze. 134 S., 66 photogr. Farbbilder.

Bd. II: Blätterlose Pilze. 132 S., 64 photogr. Farbbilder.

Verband Schweizerischer Vereine für Pilzkunde: Schweizer Pilztafeln, 5 Bände. 1965–1972. 350 Arten.

Zeitlmayr: Knaurs Pilzbuch. 1969; 244 S. mit 70 mehrfarbigen Abb.

Monographien

Dennis: British Ascomycetes. 1968; 455 S., 40 mehrfarbige und 31 einfarbige Tafeln.

Essette: Les Psalliotes. 1964; 136 S. und 48 mehrfarbige Tafeln.

Leclair/Essette: Les Bolets. 1969; 148 S., 64 mehrfarbige und 8 einfarbige Tafeln.

Moser: Die Gattung Phlegmacium (Schleimköpfe), Die Pilze Mitteleuropas, Bd. IV. 1960; 440 S. umfassender Textband und Kartonmappe mit 32 mehrfarbigen Tafeln.

Neuhoff: Die Milchlinge (Lactarii), Die Pilze Mitteleuropas Bd. II b. 1956; 248 S. umfassender Textband und Kartonmappe mit 16 mehrfarbigen und 4 einfarbigen Tafeln.

Schaeffer: Russula-Monographie, Die Pilze Mitteleuropas, Bd. III. 1952; 296 S. umfassender Textband und Mappe mit 20 mehrfarbigen Tafeln.

Singer: Die Röhrlinge I und II, Die Pilze Mitteleuropas, Bd. V und VI. 1965/67.

Bd. V. 130 S. umfassender Textband und Kartonmappe mit 14 mehrfarbigen und 7 einfarbigen Tafeln.

Bd. VI: 151 S. umfassender Textband und Kartonmappe mit 26 mehrfarbigen Tafeln.

Floristische und pflanzengeographische Werke

Favre: Les associations fongiques des hauts-marais jurassiens et de quelques régions voisines. Matériaux pour la Flore Cryptogamique Suisse. 1948; 230 S. mit 67 Text-Fig. und 4 mehrfarbigen Tafeln.

Favre: Les champignons supérieurs de la zone alpine du Parc National Suisse. 1955; 212 S. mit 145 Text-Fig. und 3 ein- und 8 mehrfarbigen Tafeln.

Favre: Catalogue descriptif des champignons supérieurs de la zone subalpine du Parc National Suisse. 1960; 290 S. mit 104 Text-Fig. und 8 mehrfarbigen Tafeln.

Imbach: Pilzflora des Kantons Luzern und der angrenzenden Innerschweiz. 1946; 85 S. Fundregistrierung für die Jahre 1936–1945.

Nüesch: Die hausbewohnenden Hymenomyceten der Stadt St. Gallen. 1919; 204 S. mit Beschreibungen von 83 Arten, Bestimmungsschlüssel.

Zeitschriften

Schweizerische Zeitschrift für Pilzkunde. Erscheint seit 1923. Jährlich 12 Hefte.

Zeitschrift für Pilzkunde. Organ der deutschen Gesellschaft für Pilzkunde, 1922–1942 und 1948–1957. Jährlich 4 Hefte.

Verschiedenes

Loosli: Mikroskopieren, Hallwag Taschenbuch Nr. 28. 1973; 73 S. mit 40 einfarbigen Abb. im Text.

Lörtscher: Kleines Fremdwörterbuch der Pilzkunde. 1949; 70 S.

Müller: Neues schweizerisches Pilzkochbuch. 1966; 48 S., umfaßt mehr als 150 Kochrezepte.

Register

Hallwag
Taschenbücher